アートdeゲーム

ふじえ みつる 著

はじめに

美術鑑賞を楽しもう！

「アートゲーム」という題のこの本を手にとられたあなたは、「アート」に関心のある方だと思います。すでに学校や美術館で「アートゲーム」を体験された方かもしれません。授業で「アートゲーム」をしてみようという学校の先生かもしれません。また、家族みんなでできるゲームを探していて偶然、見つけた方もいるかもしれません。

48枚の複製図版（アートカード）がついたこの本は、どなたでも、どこでも、気軽に美術作品に触れ、美術鑑賞を楽しんでいただくためのものです。

「美術鑑賞」というと何かちょっとかたい感じがしますが、「アートゲーム」というと楽しいゲームが浮かんできます。美術鑑賞は美術館で展覧会を見ることから、テレビ番組や画集・雑誌などで見ること、街の中にそっと置かれた作品を見ることなど、さまざまです。学校の授業や教科書で見た作品の印象が強く残っている方もいると思います。アートゲームもそうした美術鑑賞の一つで、ゲームを通してそれぞれの作品をさまざまな観点から鑑賞するところに特長があります。

ゲームですので、ルールにしたがって得点を競ったりすることもありますが、目的は鑑賞を楽しむことです。作品をじっくり見ることで、何かを見つけたり、感じたり、いろいろなイメージを働かせたり、言葉に表したり、どうしてこういう作品をつくったのかな？　と考えたりすることを楽しみましょう。

もくじ

ゲームの難易度 難易度1 難易度2 難易度3

はじめに 03

Part.1 やってみよう！ アートゲーム

まず、4枚のカードで練習してみましょう 08

① からだを動かすのが好きな人へ　ジェスチャーゲーム ●○○ 10
② 役者になってみたい人へ　ジェスチャーから「演技」へ ●○○ 11
③ 誰とでも仲良くなりたい人へ　ペア（つながり）見つけ
　　ペアをさがそう！ ●●○ 12
　　ペア見つけバトル ●●○ 13
　　ペア見つけ神経衰弱 ●●○ 13
④ 関係を見つけるのが得意な人へ　連続つながり見つけ
　　アートでしりとり ●●○ 14
　　シチナラベ（七並べ）ゲーム ●●○ 15
⑤ アートで文学したい人へ　作品を文章で表す
　　アート・デ・カルタ ●●○ 16
　　アート・デ・ハイク ●●○ 17
⑥ なんでも分けるのが好きな人へ　「仲間分け」ゲーム ●○○ 18
⑦ ドラマが好きな人へ　「4コマ物語」をつくろう ●●○ 19
⑧ 名探偵になりたい人へ　作品推理ゲーム ●●○ 20
⑨ 話すのが苦手な人へ　伝え描きゲーム ●●○ 21
⑩ 音楽が好きな人へ　作品のイメージを音にする ●●○ 22
⑪ 人に物をあげるのが好きな人へ　作品プレゼント ●○○ 23
⑫ 学芸員になりたい人へ　こんな展覧会をしてみたい ●●○ 24
⑬ 社長になりたい人へ　この作品を社長室に飾るぞ ●○○ 25
⑭ カウンセラーになりたい人へ　"悩み解決"のアート ●●● 26
⑮ レポーターになりたい人へ　ライブ中継をしよう ●●○ 27
⑯ 測ることが好きな人へ　大きさくらべ ●●● 28
⑰ のぞいて見るのが好きな人へ　部分から全体を想像する ●○○ 29

自分でゲームを考えてみましょう 30
自分でオリジナルカードをつくってみましょう 32

Part.2 カード作品解説

- 作品一覧表・大きさ別一覧表 36
- 01無題 02会話 03畑のおばけ 37
- 04ボールをつかむ爪の上の野兎 05唐獅子図屏風 06ハート型土偶 38
- 07フクロムササビ 08グエゾ王のシンボル 09プルキシ仮面 39
- 10 Flower Matango(b) 11ドレス 12風神 40
- 13姫路城 14ニーゼン山 15ラブ 41
- 16湖畔 17駅 18華狩頌 42
- 19木綿衣 20グレーの橋 21山中湖の暁 43
- 22冨嶽三十六景 神奈川沖浪裏 23舟遊び 24鉄道 44
- 25コレー 26円盤投げ 27 Mumps 45
- 28シャルトル大聖堂 29素桜神社の神代桜 30叫び 46
- 31色絵雌雉香炉 32すわるジョルジェット・シャルパンティエ嬢 33曝書 47
- 34白象図 35獅子虎図屏風 36ひまわり 48
- 37山形市街図 38諸魚図 39デルフトの眺望 49
- 40グランド・ジャット島の日曜日の午後のための習作
- 41アテネのアクロポリス 42コンポジションⅧ 50
- 43石窟庵と仏国寺 44東海道五拾三次之内 庄野 45春(プリマヴェーラ) 51
- 46鳥獣人物戯画巻 47秋冬山水図冬景図 48苦闘する形態Ⅴ-1 52

Part.3 ここでも使える！ 場面別 活用のヒント

- 幼稚園・小学校・中学校 54
- コラム 評価について 58
- 家庭・地域の各施設 60

Part.4 資料 63

ゲームを始める前に

この本は、冊子とカードに分かれています。冊子には、アートゲームの種類や方法と作品の解説が載っています。カードには、美術作品と、印刷されていない、ご自分でつくるホワイトカードも含まれています。

①付属のアートカードを、点線に沿って切り離しましょう。

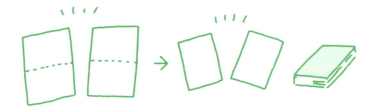

②カードより少し大きめのビニル袋に入れて保管しましょう。

<u>注意</u>
わゴムで留めると、カードのふちがへこんだり、ゴムの劣化によるべたつきの原因となるので避けましょう。

＊カードのみの別売はしていません。学級など大人数でグループ分けをして使う場合には、必要な数を冊子と併せて購入いただく必要があります。それぞれのグループに冊子も一緒に渡しておくと、ゲームの流れなどを印刷・配布する手間は省けますので、ぜひ併せて活用してください。

Part.1
やってみよう！アートゲーム

ここでは、いろいろなアートゲームのやり方とルールを紹介しています。

- はじめてカードで遊ぶ人は、練習用カードでウォームアップしましょう。 08-09ページ

- 今の気分に合ったゲームを選び、遊んでみましょう。 08-29ページ
  紹介する順番と難易度は特に関係ありませんが、前半には直感的にできる定番ゲーム、後半には新作ゲームやある程度の知識・情報を生かすようなゲームを多く紹介しています。

- ゲームをマスターした人は、自分でカードをつくったり、ゲームを考えたりしてみましょう。 30-33ページ

まず、4枚のカードで練習しましょう

　付属カードには練習用カードが4枚あります。まず、同じものがある2枚のカードを見つける「ペア見つけ」と、カードを順番に並べて、そこで見つけたものをヒントにして4コマの物語をつくる「カードを並べておはなし（物語）つくり」をしてみましょう。

なかよしの5人が練習用のカードを使ってゲームをしています。よかったら参加してください。

ペア（つながり）見つけ　　12ページ ▶

A、B、C、Dの4枚のカードをよく見てください。
何か共通するものを見つけて1組のペア（つながり）をつくりましょう。

「背景がピンクだから AとDはペアだね」

「BとCも背景が同じだ」

「AとDは湯気のゆらゆらと水草のゆらゆらした線が同じだ」

「色だけじゃなくてカップや鳥も同じ数でAとBは一緒だね」

「よく見るとまだまだペアがありそうだね」

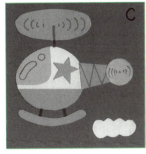
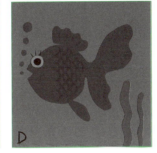

練習用カードは、幼児でもわかるように単純化した色や形のデザインにしてあります。実際の美術作品では、さらに複雑な色や形、物や人物などが表されており、枚数も多いので、もっとたくさんのカードの組み合わせ方が見つかります。

ここで紹介する2つの練習は、異なった作品カードの間に共通点を見つけるマッチングと、作品から感じたことや見つけたことを説明したり表現したりする活動をシンプルに示したものです。

TRY 2 カードを並べておはなし（物語）つくり　　19ページ

4枚のカードをよく見てください。4コマ漫画の要領で、順番を考えながらあなただけの物語をつくってみましょう。

- 「A、B、C、Dの順なら、朝、2人でコーヒーを飲んでいると、庭に鳥が来て鳴いていたけど、ヘリコプターが飛んできてびっくりしてにげちゃった。そしたら、金魚が……、金魚が……うーんと」
- 「眠っていた金魚もびっくりして目を覚ました、なーんて」
- 「順番を逆にしたら、どんなおはなしができるかな？」
- 「金魚が空を飛びたいと思っていたら鳥になって飛びまわり、疲れてお茶を飲んだというのは？」
- 「鳥は熱いお茶を飲むかな？」
- 「だったら、冬で寒かったのでマグカップのお湯で鳥さんがおふろに入りましたというのは？」
- 「それ、いいね。まだまだいろいろありそうだなぁ」
- 「あっ、B→C→A→Dにすると面白い物語になりそうだ」
- あなた「こういうおはなしはどうかな、……」

GAME 01 からだを動かすのが好きな人へ

ジェスチャーゲーム

ABOUT 言葉を使わずに、全身を使って作品のイメージを表現する。

PLAYER 2人以上。学級ではグループに分ける。1グループは、4〜6人程度がよい。

POINT
- ◆ 幼児や低学年の児童ではカードNo.9、12、25、26、30、32、43などポーズがまねしやすいものから出発するとよい。
- ◆ 高学年では、動物(No.1、4、8)や人物の表情(No.27)、さらに抽象的な作品まで取り上げてもよい。

1. ジェスチャー用に選んだ作品カードをすべて表を向け、参加者全員が見られるように広げておく。
2. それらのカードから、自分のポーズする作品を決める。
3. どのカードかは言わずに、順番に1人ずつジェスチャーをする。
4. 3人以上の場合、最初に当てた人の得点となり、より多くのカードを当てた人が勝ち。

＊最後に、ポーズしてみたらどんな気持ちになったかを発表したり、誰が一番ぴったりのジェスチャーだったかなどを話し合ってもよい。

GAME 02 役者になってみたい人へ

ジェスチャーから「演技」へ

ABOUT 身体の動きとその登場人物の雰囲気などから想像して、その人の気持ちを表すセリフも語りながら演技をする。

PLAYER 2人以上。学級ではグループに分ける。

POINT
◆ ゲーム01と同じ。

1. ジェスチャー用に選んだカードを、すべて表にして並べ、参加者全員が見られるように広げておく。
2. 他の人に気づかれないように、それぞれポーズするカードを決め、セリフも合わせて考える。
3. どのカードかは言わずに、順番に1人ずつ、「演技」をする。
4. 3人以上の場合、最初に当てた人の得点となり、より多くのカードを当てた人が勝ち。
5. 最後に、「なぜそのセリフにしたか」を発表する。

＊他にどんなセリフを思いついたかなど話し合ってもよい。

GAME 03 誰とでも仲良くなりたい人へ

ペア（つながり）見つけ

ペアをさがそう！

練習での「ペア（つながり）見つけ」を参照　08ページ

ABOUT たくさんの作品から共通点のあるペアを見つける。絵合わせゲーム（マッチング・ゲーム）の基本。

PLAYER 2人以上。様々な見方で共通点が見つかるので4～5人以上がよい。
＊10人以上はグループに分ける。グループ分けしたときは、各グループにカードを1セットずつ用意する。

POINT
- 共通点を言葉で説明することが求められるので小学校以上が望ましい。
- 必要があれば考える時間を決めてもよい。
- 同じゲームのなかでは、前の参加者がすでに見つけた「つながり（例えば"女の人がいる"など）」は使えないとすることもできる。難しくはなるが比較の視点は広がる。
- ペアの共通点の「つながり」が納得できたときは拍手するなどのルールを決めてもよい。

① カードすべてを表に向けて広げる。

② 参加者は順番に、共通点を見つけた2枚のカードを「ペア」または「～つながり」として紹介し、その理由を説明する。

③ 説明に参加者の半分以上が納得すれば、そのカードを獲得できる。納得させられなければ元の場にもどす。
＊どうしてもペアが見つからないときは、何回でもパスできる。

④ 最後にどうしてもペアが見つからないカードは残して終了し、より多くのカードを獲得した人が勝ち。
＊学校の授業では、表された物や人物の共通点だけでなく、材料（木材、ブロンズ、石材など）や技法（版画、水墨画など）、さらに構図（三角形構図、遠近法など）などにも共通点を見つけるように指導する。

ペア見つけバトル

ABOUT 2枚のカードを同時に見せて、先に共通点（つながり）を指摘する。
PLAYER 2人（3人でもできる）。

POINT
- 年齢や知識などにあまり差がない参加者同士で行う。
- 人数が3人の場合も、3枚同時に出して、その3枚の共通点を見つける形にすることもできるが、難易度は高くなる。

1. 参加者は、カードを10枚選び、手持ちのカードにする。参加人数が多いときは難易度が上がるので、手持ちのカードの枚数を増やすとよい。
2. 「いっせいのせー」のかけ声とともに、同時にカードを1枚ずつ出す。
3. 先に2点の作品の共通点を見つけた人が「見つけました」と言って説明する。
4. その説明が相手に納得されればカードを2枚ともとることができる。
5. 納得させられない場合は、そのカードは流す。
6. 獲得したカードの枚数が得点になる。

ペア見つけ神経衰弱

ABOUT 裏返しにしたカードから2枚をめくり、それらの共通点を見つけて説明する。納得してもらえれば同じ人が続けてできるが、見つからないときはカードを元の位置に裏返してもどし、次の順番の人にゆずる。
PLAYER 2人以上（小学校の高学年以上がよい）。

POINT
- 人数の少ないときは、カード48枚すべてを使わなくてもよい。

1. すべてのカードを裏返しにして、規則正しく置く。
2. 順番に2枚ずつカードをめくり、作品の共通点を見つけて説明する。他の参加者が納得すればそのカードを獲得できる。共通点が見つからないときは元あったところに裏返してもどす。
3. 参加者はそれぞれカードの位置を記憶して1枚目を引いたときにそれに合うカードを選ぶようにする。
4. より多くのカードを獲得した人が勝ち。

関係を見つけるのが得意な人へ

連続つながり見つけ

アートでしりとり

ABOUT　作品の「つながり（共通点）」を見つける。

PLAYER　2人以上。できれば4人以上がよい。

POINT
◆ 最初に配るカードの枚数は、人数に応じて変えるとよい。

① 参加者に同じ枚数（5〜6枚）のカードを配り、順番を決める。残りのカードは裏返して山にする。

② カードの山から1枚を選び、表を上にして出す。

③ 参加者は、出されたカードの作品と「つながりがある」と思う手持ちのカードを順番に出し、その理由を言っていく。

④ 次の人は、新しく置かれたカードを見て、それと「つながりがある」と思うカードを出し、理由を言う。

＊つながりの説明が他の参加者に納得されないときや、手持ちのカードの中につながりのあるカードがないときはパスする。

⑤ 手持ちのカードが早くなくなった人が勝ち。

シチナラベ（七並べ）ゲーム

ABOUT トランプの七並べの要領で、つながりのある作品同士をどんどん並べていく。

PLAYER 2人以上。できれば4人以上がよい。

POINT
◆ 最初に配るカードの枚数は、人数に応じて変えるとよい。

「富士山がつながっているから」

【カードの並べ方】
◆ 任意に選んだ4枚を縦に並べ、左右につなげていく。

① 参加者に同じ枚数（5～6枚）のカードを配り、順番を決める。
② 残ったカードから4枚のカードを任意に選び、表を上にして縦に並べる。
③ 参加者は順番に、縦に並べたカードのどれかにつながりのある手持ちのカードを横に並べ、理由も言う。このとき、左右どちらに置いてもよい。
　＊つながりの説明が納得してもらえないときや、手持ちのカードに合うものがないときはパスする。
④ 手持ちのカードが早くなくなった人が勝ち。

GAME 05 アートで文学したい人へ

作品を文章で表す

アート・デ・カルタ

ABOUT 作品カードを絵札に見立て、読み札をつくる。カルタの要領で読み札を読み上げ、元の作品カードを当てる。

PLAYER 5〜6人以上。学級ではグループ分けしてグループ対抗にする。
＊グループ分けしたときは、各グループにカードを1セットずつ用意する。

POINT ◆ 読み札にする紙（名刺サイズくらい）を用意しておく。

【読み札を記入する場合の約束】
◆作品の解説ではなく、印象やイメージを言葉で表現する。人物ならその人が言いそうなセリフ、抽象画なら「グニョグニョ」などの擬態語や、「ドンドン」などの擬音語でもよい。
◆右下など指定された場所に、絵札となるカードの番号を記入する。

❶ すべてのカードを表向きに並べる。

少人数の場合

❷ 参加者がそれぞれ2〜3点作品を選び、周りの人に見られないように読み札をつくる。または、その場で読み札を書いて読み上げてもよい。

❸ 順番を決め、読み札を読み上げる。他の人は、正解だと思う作品を選ぶ。

❹ 読んだ人は全員がカードを選んだのを確認して、正解の番号を発表する。

❺ 正解のカードを選んだ人には得点として1点、間違った場合は得点なし。

❻ 得点の多い人が勝ち。

学級など多人数の場合

・学級など大人数で行う場合、事前にカードを見せて読み札を書かせ、集めたものを教師が読み上げたほうがスムーズにいく。

・作品をじっくりと見ながら活動できるように、グループで話し合う時間をできるだけ確保する。

❷ それぞれの参加者が1点作品を選び、他の参加者に見られないように読み札をつくる。
＊もしくは事前にカードを見せて読み札をつくらせておき、教師が回収しておく。

❸ グループの順番を決め、1人ずつ読み札を読み上げる。他のグループは、話し合って正解だと思う作品を選ぶ。

❹ 読んだ人は全グループがカードを選んだのを確認して、正解の番号を発表する。

❺ 正解のカードを選んだグループには得点として1点、間違った場合は得点なし。

❻ 得点の多いグループが勝ち。

アート・デ・ハイク

ABOUT 好きな作品を選び、作品の印象を五・七・五の俳句にまとめ、短冊に書く。

PLAYER ２人以上。互いの俳句を味わうためには５〜６人以上がよい。

POINT
- ◆ 短冊状の細長い紙を人数分用意しておく。
- ◆ 季語などは特にこだわらなくてもよい。
- ◆ 俳句はオリジナルが望ましいが、場合によっては自分の知っている芭蕉などの俳句を引用してもよい。

【読み札を記入する場合の約束】
- ◆季語などは特にこだわらなくてもよい。
- ◆俳句はオリジナルが望ましいが、場合によっては自分の知っている松尾芭蕉などの俳句を引用してもよい。

1. すべてのカードを表向きに広げる。
2. 参加者はそれぞれ、他の人に知られないように好きな作品カードを決め、その俳句をつくる。
3. 短冊に俳句を書き、裏にカード番号を書く。
4. 参加者は順番に俳句を読み上げ、他の人はどのカードか当てる。
    ＊お手つきした人はその回は休み。
5. たくさんのカードを当てた人が勝ち。
    ＊学校では、国語科の授業と関連させてもよい。筆ペンや毛筆などを使うと書写とも関連を図ることができる。

GAME 06 なんでも分けるのが好きな人へ

「仲間分け」ゲーム

ABOUT　「あつい」とか「やわらかい」、「にぎやか」や「さみしい」など特定の「言葉（キーワード）」に合わせて作品を分類する。

PLAYER　4人以上。できれば学級などでグループ別に分けられる人数が望ましい。

POINT
- ◆ 違いのはっきりする対照的な言葉を組み合わせる。視覚以外の聴覚、触覚、味覚、嗅覚などに訴える感覚を想定するとよい。
- ◆ 人数に応じて、言葉の数を減らしたり増やしたりする。48枚カードすべてを分類するのは時間がかかるので、あらかじめ枚数を減らしておく。

1. 最初に作品を分類するキーワード（厚紙にサインペンなどで大きく書く）を全員で確認する。キーワードは、感覚的なもの（かたい─やわらかい、あつい─つめたいなど）から作品全体の雰囲気（楽しい─さみしい、かわいい─ぶきみなど）を表す言葉を組み合わせる。
2. 作品カードはすべて表を向けて並べる。

少人数の場合

3. キーワードを書いた紙を裏返して山にしておき、それぞれの参加者が1枚を選ぶ。
4. 選んだキーワードに合った作品を順番に選んでいく。
5. 他の人が選んだ作品でも自分のキーワードのほうがもっと合っていると思うときは「ストップ」と言って、説明をして相手が納得すればそのカードをもらう。
6. 2人の意見が一致しないときは、他の参加者がどちらが合っているかを判定する。

学級など多人数の場合

3. グループ（4～6人程度）に分ける。各グループにカードを1セットずつ用意する。
4. それぞれのキーワードを書いた厚紙を横に並べて置き、その前にグループ別にカードを並べられるスペースを確保する。
5. それぞれのグループが話し合い、キーワードに合わせて作品カードを分類し、該当のキーワードが書かれた紙の前にカードを置いていく。
6. すべてのグループが作品カードを置き終えたら、全員で見る時間をとる。分類できなかった作品カードは、そのままにしておく。
7. グループ間で、同じキーワードに分類した共通のカードを確かめる。

＊時間があれば、分類できなかったカードについて、その作品にふさわしいキーワードを互いに提案することもできる。

GAME 07 ドラマが好きな人へ

「4コマ物語」をつくろう

練習での「カードを並べておはなし（物語）つくり」を参照　09ページ

- **ABOUT**　4つの作品を選んで組み合わせ、4コマの物語（ストーリー）をつくる。
- **PLAYER**　2人以上。

POINT
- ◆ 表を向けた作品カードを見ながら物語を考えてもよいし、裏返しにしたカードから偶然に選んだ4点の作品を見て物語を考えてもよい。

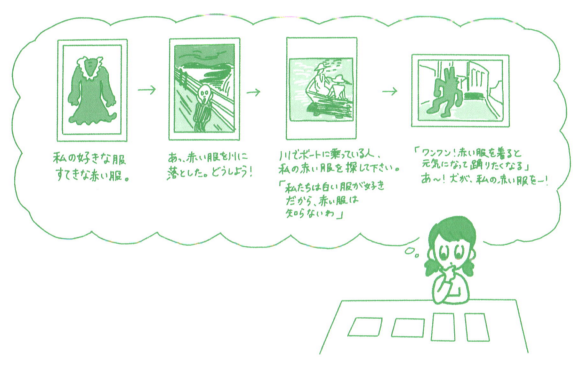

1. すべてのカードを表向きに並べる。
2. 参加者はそれぞれ、考えた物語に合う作品カードを4枚選ぶ。他の参加者と作品カードが重複してもよい。作品から受けた印象をもとに物語をつくってもよいが、できるだけ起承転結のある話にする。

    ＊裏返しにしたカードから選ぶ場合は、偶然に選んだカードを組み合わせるスリルを楽しむ。

3. 物語ができたら、他の参加者が見えるようにカードを並べて発表する。

    ＊学級でグループ分けして行う場合は、グループ内でそれぞれが考えた物語を発表する。さらに、各グループで話し合ってつくった物語を1つずつ、クラス全体で発表していく。
    ＊時間があれば、あるグループの選んだカードを使って他のグループが別の物語をつくり、2つのグループの物語を比較するのも見方が広がってよい。

GAME 08 名探偵になりたい人へ

作品推理ゲーム

ABOUT 作品について、イエスかノーでしか答えることのできない質問をして、どの作品かを当てる。
PLAYER 3人以上。

POINT
◆ 質問する人と質問される人は、同じくらいの年齢が望ましい。
◆ 時間が少ないときは、カードの枚数を減らす。カードが2セット以上ある場合、1セットはすべて表を向けて並べておき、別の1セットのほうから1枚を選ぶ（盗む）ようにする。

① カードをよくシャッフルし、裏返して山にする。
② 犯人役は、山からカードを1枚とり、他の参加者に見られないように、とった作品のイメージと番号を覚え、カードを山にもどす。別のカードから選ぶ場合は、カードは最初から表を向けて並べておく。
③ もどしたカードを含め、すべてのカードの表を向けて並べる。
④ 探偵役は、盗まれた作品を特定するために、犯人役に質問をする。
＊質問は必ず「イエス」か「ノー」で答えられる形にする。
（例）「絵ですか？」「人がいますか？」「2人いますか？（何人いますか？は質問できない）」
⑤ 順番に質問していき、自分の質問によって作品がわかった人は、犯人役に「あなたが盗んだ作品はこれですか？」と聞く。
＊質問した人が作品を当てられなかったときは、他の参加者が「これですか？」と聞くことができる。
⑥ 一番早く、盗まれた作品を当てた人に得点が入る。

GAME 09 話すのが苦手な人へ

伝え描きゲーム

ABOUT 作品の特徴を素早くとらえて絵を描き、次の人に伝えていくお絵描き伝言ゲーム。最後の人はどの作品か当てる。

PLAYER 4人以上。複数のグループに分かれて行うゲームなので、学級などで行うとよい。

POINT
- ◆ ゲーム参加者の他に、各グループに最初にカードを提示したり、時間を計ったりする審判が必要。
- ◆ 前の人がどの作品を描いているか見られないように、机や椅子の配置を考える。
- ◆ 1人が描く時間は年齢に合わせて変えるとよいが、最長でも30秒くらいにする。
- ◆ 最初に示すカードは、特徴のつかみやすい10枚程度から始めるとよい。

1. 参加者は1列に並ぶ。
2. 参加者それぞれに紙（カードサイズくらい）と鉛筆を配る。ただし、最後の人は不要。
3. 1番前の人がカードを1枚引き、30秒間よく見て、カードを返却する。
4. カードを見て、記憶したイメージを時間内に絵に描く。
5. 描いた紙を次の順番の人に30秒間黙って見せ、次の人はそれをコピーしていく。
6. 最後の人は渡された絵を見て、最初の人が見て描いた作品カードを当てる。

＊ゲーム終了後、描いた絵を順番に並べてその変化のプロセスを見るのもよい。
＊グループ数分のカードセットがあれば、すべてのグループが同じ作品で始めるのもよい。

GAME 10

音楽が好きな人へ

作品のイメージを音にする

ABOUT 作品のイメージを音で表し、どの作品か当てる。

PLAYER 2人以上。できれば5〜6人で、互いに音が聞き取れる範囲で行うのがよい。

POINT
- ◆ リコーダーやキーボードなどの楽器で演奏したり、手をたたいたり、ハミングで表現してもよい。ピアノやバイオリンがあれば使ってもよい。
- ◆ カードだけでなく、同じ作品の大きな図版があるとよい。教室ではプロジェクターを使い、該当する作品をスクリーンに映しながら演奏してもよい。
- ◆ 音で表現する時間は、30秒から最長でも1分くらいにする。

1. すべてのカードの表を向けて並べる。
2. 参加者は、自分で演奏するカードの作品を他の人に気づかれないように決める。
3. 作品のイメージを楽器やハミングなどの音（声）で表していく。
4. 参加者はそれぞれ、その音や演奏がどの作品のイメージを表しているかを当てる。一巡しても当たらない場合、もう一巡する。前の表現と変えてもよい。それでも当たらないときは流す。
5. より多く当てた人が勝ち。

*狭い部屋で接近して行うと音が交錯してしまうので、できるだけ全員参加で行うほうがよい。

GAME 11 人に物をあげるのが好きな人へ

作品プレゼント

- **ABOUT** 作品をプレゼントしたい人をイメージしながら、作品を選ぶ。
- **PLAYER** 2人以上。できれば4〜5人がよい。

POINT
- ◆ 少人数で行うときは、カードの枚数を減らす。
- ◆ 誰にプレゼントをするかを決めるとき、家族や保育の場では身近な人でよいが、学級で行う場合は歴史上の人物やマンガのキャラクター、動物、宇宙人、天使などに対象を広げると、発想も広がる。

1. すべてのカードを表向きに並べる。
2. 参加者はそれぞれ他の人に知られないように、誰にどの作品をプレゼントするかを決める。
3. 誰にプレゼントするか発表していく。
4. 他の人は、プレゼントされる人はどんな人かを質問しながら、プレゼントする作品を考え、「これじゃない？」と尋ねる。
5. 誰も当てられなかったときは、発表者は選んだカードを見せながら理由を説明する。

＊理由づけの内容がユニークであるものが評価される。得点化はしない。
＊学級で行う場合は、特定の個人や人種などを中傷しないように指導する。

GAME 12 学芸員になりたい人へ

こんな展覧会をしてみたい

ABOUT 美術館の学芸員になって、カードの作品を組み合わせて美術展覧会を企画する。

PLAYER 1人以上。

POINT
- ◆ カードはすべて使う。場合によっては自作カードを加えてもよい。
- ◆ 学級など人数が多い場合は、グループに分けて共同企画をしたり、他のグループの展覧会名（テーマ）を互いに当てたりする活動を入れるとよい。
- ◆ 展示するカード枚数（作品数）は、10枚前後がよい。多すぎるとテーマが絞りきれず焦点がぼけてしまう。

① すべてのカードの表を向けて並べる。
② カードを見ながら、どんなテーマの展覧会にするか、どの作品を選ぶかを決める。グループで行う場合には話し合って決める。
③ 来館者が見る順番を想定して、選んだ作品カードを並べ、展示を完成させる。
④ 各人（グループ）で決めた展覧会名を紙に書き、裏返しにしておく。
⑤ 参加者全員でそれぞれの展示を見て、展覧会の名称やテーマを当てる。企画した人（グループ）は、自分の意図やテーマに関してヒントを出したり、質問に答えたりする。
　＊グループの数が多いときは、時間を決めて回るようにする。当てても特に得点はない。
⑥ 展覧会名が最後まで当てられなかった人（グループ）は、自分でその名称を発表する。
　＊学芸員ではなく、参加者がコレクターになって「マイ・コレクション」をつくることもできる。

GAME 13

社長になりたい人へ

この作品を社長室へ飾るぞ

ABOUT　社長になりきって、その会社の社長室に飾りたい作品を選び、その理由を言う。

PLAYER　2人以上。できれば4～5人がよい。

POINT
- ◆ 名刺サイズくらいの紙を人数分用意しておく。
- ◆ 幼児が行う場合は、将来自分のなりたい職業に合わせて作品を選んでもよい。
  （例）「花屋さんになりたいから花の絵を選ぶ」など。

❶ すべてのカードを表向きに並べる。

❷ 参加者はそれぞれ、カード作品を見ながら「自分がどんな会社の社長になるか」「どの作品を社長室に飾るか」をひそかに決め、紙に会社の仕事とカードの番号を書いておく。

❸ 順番に自分がどんな会社の社長になるかを発表する。

❹ 他の参加者は、その会社の社長室に飾る作品を当てる。当たれば1点。
　＊お手つきした人はその回は休み。1回で当てられなかった場合はもう一巡してもよい。

❺ 作品を当てられた発表者は、紙に書いたカードの番号を見せる。当てられなかった場合は、その理由を説明して他の参加者が納得すれば1点を得る。

　＊社長室に飾る作品ではなく、会社の仕事に合わせた「看板」にしてもよい。
　（例）おしゃれな洋服屋さんになって、カードNo.11を看板にする。

GAME 14

カウンセラーになりたい人へ

"悩み解決"のアート

ABOUT　相談者役の悩みを聞いて、カウンセラー役の人がそれを解決する作品を選ぶ。
PLAYER　5〜6人以上。できれば小学校高学年以上がよい。

POINT
◆ 悩みは、実際のことでも架空のことでもよい。
（例）「歯が痛いので痛くなくなる作品を」「仕事で疲れているので元気が出る作品を」「結婚したので新居に飾る作品を」など。

① 参加者全員がいろいろな悩みを紙に書く。紙を集めてシャッフルしたものを1人ずつに配る。
② すべてのカードをテーブルに表向きに並べ、悩みを相談する順番を決める。他の参加者はカウンセラーとして相談者に向かい合う形で座る。
③ 相談者は、自分に配られた紙に書かれた悩みを、自分の悩みとして相談する。
④ カウンセラー役の人は、しばらく考えてから順番に推薦する作品カードを示し、なぜそれが悩みの解決になるかを説明する。
⑤ 相談者は、一番納得できる説明をしたカウンセラー役を1人選び、1点を与える。
⑥ 役割を交代していき、より多くの点を得た人が勝ち。

GAME 15

レポーターになりたい人へ

ライブ中継をしよう

ABOUT レポーター役の参加者が作品の中に入り込み、見たり、聞いたり、触ったりしたものを報告し、それを聞いた他の参加者がどの作品かを当てる。

PLAYER 2人以上。できれば学級のような大人数がよい。グループ分けをするときは、グループ毎にカードを1セットずつ用意する。

POINT
- 学級では1人のレポーター役がクラス全体に報告し、グループ内で話し合って作品を当てるという形がよい。
- 学級で行う場合、全員がレポーター役をする時間はないので、レポーターは2～3人で一緒に報告するという形にしてもよい。マイクなどを使うと臨場感が出る。

1. すべてのカードを表向きに並べる。
2. レポーター役の1人が選んだ作品についてレポートする。最初は「～のようなにおいがします」「～という音が聞こえてきます」「触ると～という感じです」「ここにいるとめまいがするようです」などの視覚以外の感覚に訴えるような言葉で報告し、最後に「～が見えます」などと視覚的な情報を伝える。
3. レポーターの報告を聞いた他の参加者は、それがどの作品のことかを推測する。
4. 早く作品を当てた人（グループ）が1点を得る。
   ＊お手つきするとその回は休み。
5. より多くの作品を当てた人（グループ）が勝ち。

GAME 16 測ることが好きな人へ

大きさくらべ

ABOUT 作品の細部をよく見てその実際の大きさを推測し、大きい順に並べる。カードはすべて同じ大きさに印刷されているため、実際の大きさをイメージすることで作品理解が深まる。

PLAYER 2人以上。グループ分けをするときは、グループ毎にカードを1セットずつ用意する。

POINT
- ◆ 立体作品でも比較できるが、絵画作品に限定するとわかりやすい。サイズは縦の長さで測る。
- ◆ カード枚数が増えるほど難しくなるので、最初は絵画作品2点の比較（どちらが大きいか）から始め、慣れたら5〜10点の作品で大きさを比べるとよい。
- ◆ 学級など大人数で行う場合、グループに分かれて話し合いで決めた大きさの順にカード番号を黒板に書き出し、正解数を競うのもよい。

個人対抗の場合

1. 配られた絵画作品カードを、相手に見えないように自分が大きいと思う順に並べる。
2. 「せーの！」で互いに一番大きいと思う作品カードを出す。
3. 作品一覧表（p.36）を見て実際のサイズ（縦の長さ）をチェックし、大きいほうが勝ち。

グループ対抗の場合

1. 絵画作品だけを選び、グループに同じカードを配る。
2. 作品カードを大きいと思う順に並べ、番号をメモしておく。
3. 並び順を番号で発表する。教室なら各グループが黒板に書き出す。
4. 作品一覧表（p.36）を見て実際のサイズをチェックし、得点の大きい人が勝ち。得点については、解答が「大③→⑱→①→⑩→⑦小」で、正解が「大③→⑩→①→⑱→⑦小」の場合、③、①、⑦のみ正解として、各1点＝計3点を獲得する。

GAME 17 のぞいて見るのが好きな人へ

部分から全体を想像する

ABOUT 小さな穴をあけたグレーの紙（A4程度）を作品カードの上に載せて、穴から見える部分をカメラで撮影したものをモニターテレビに映し、どの作品か当てる。

PLAYER 3人以上。出題者（学級の場合は教師）を1人決め、残りの人でカードを当てる。

POINT
- ◆ 穴は○、□、△、☆など好きな形でよい。穴の大きさや見せる位置によって難易度が変わる。学級など大人数で行う場合、グループに分かれて作品を選び、他のグループに問題を出し合う形式にする。教師が撮影者＋司会者となる。
- ◆ 基本的にはあらかじめ撮影した画像を使う。カードが2セット以上ある場合には実際にカードの上で紙を動かしながら見ると、臨場感が出る。

1. すべてのカードの表向きに並べる。
2. 出題者は、あらかじめ撮影しておいた画像をモニターに映す。
3. 解答者は、どの作品かわかったら該当するカードを手にとり、出題者に向けて示す。
4. 最初に当てた人（またはグループ）がポイントを得る。お手つきした場合はその回は休む。

> **TRIVIA**
> 美術館では、展示されている作品の一部を印刷したものから、それがどの作品かを見つける「宝探しゲーム」が行われています。

自分でゲームを考えてみましょう

　ここまで17のアートゲーム例を紹介してきました。アートゲームでは、ゲームのルールを少し変えたり、異なるルールを組み合わせたり、カード以外の図版と比べたり、タブレットの画像を用いたりすることで、さらにいろいろな遊び方ができます。ゲームをしているうちに、「こう変えたら面白くなるかも」と思ったら、ぜひ試してみてください。

　学校の授業でも、小学校高学年以上であれば、いくつかゲームをした後にグループ内で話し合い、新しいゲームを考える時間を設定するとよいでしょう。新しいゲームを考えることは、プログラミング学習と同じように、「思考力・判断力・表現力」を働かせ、鍛える機会にもなります。

　ここでは、基本的なゲームのアレンジ例をいくつか紹介します。

 ## マッチングや物語づくりを生かして……

カードを使ったゲームはトランプなどのカードゲームと同様、絵合わせ（マッチング）ルールをもとに応用していくことができます（シチナラベ、ババ抜き、ウノなど）。一方で、図版があるアートカードならではの楽しみ方である物語づくりをアレンジするのもよいでしょう。

ストーリーマンガゲーム

① カードを1枚だけ表を向けて置き、他のカードを裏返して山にする。
② カードの山から1枚めくり、コマに見立てた前のカードとつながるようにストーリーを考え、発表していく。2枚のカードの間の共通点を見つけるのではなく、物語をつなげることを考える。
　＊ストーリーが思いつかない人は、「ヘルプ」と言って他の参加者の助けを借りてもよい。
③ カードがなくなるまで行う。
　＊最後の1枚は参加者全員で締めくくりのオチを考えてもよい。

自分で図版を集めて……

普段の生活の中で、付属のカードに掲載されている作家の別の作品を見つけたら、作者名は言わずにその図版を見せて「48枚のカードからこの絵と同じ作者の作品を見つけよう」という「作者マッチング」ゲームもできます。
このゲームでは、作家の作風や作品の様式を読みとったり、表現のスタイルに気づくことがポイントとなります。

作者マッチングゲーム

1. ゴッホなど、付属のカードに掲載されている作家の絵画図版を集めておく。
2. カードを表向きにして並べ、集めた図版を見せて「この作品の作者と同じ人がつくった作品はどれでしょう」と問いかける。
3. 参加者はそれぞれ正解だと思う作品を選び、なぜそう思ったか、理由を説明する。
4. 正解者に得点が入る。

図版の集め方

雑誌や新聞の複製図版

新聞の文化欄、雑誌のグラビア、カレンダー、そして図工や美術の教科書には、多くの美術作品が図版で紹介されています。それらを日頃からコピーしたり切り抜いたりしてストックしておきましょう。

インターネットの画像

ネット検索で見つけた作品画像などは、パソコンやタブレットの画面で見たり、教室であれば備えつけのモニターテレビに映して見たりすることができます。現在、HDMIケーブルを使えばほとんどのパソコンからモニターテレビに出力できますから、大いに活用しましょう（専用の接続アダプターを使えばタブレットも接続できます）。ネット上で見ている限り著作権の心配はなく、どんな作品にも簡単にアクセスできます。この方法を使えば、「作者マッチングゲーム」も豊富な画像から選択できます。例えば、カードNo.7、8、9などの日本以外の作品についても、ネット上で同じ地域や文化圏から仲間を見つけることができます。また、カードの中で気になる作品をネットで調べてみることで、作品をめぐる様々な情報を得ることができ、より豊かな鑑賞につながります。

TRY! 自分でオリジナルカードをつくってみましょう

本書のカードには、何も印刷されていないホワイトカードが8枚ついていて、裏は48枚の作品カードと同じ柄になっています。それを使って、新たに作品カードをつくり、48枚のカードに追加して、ゲームを楽しんでみましょう。カードのつくり方には次のような方法があります。

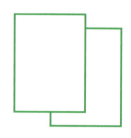

1. 自分でカードに直接、絵を描く

自分の好きな作品を模写したり、好きな風景や動物を写生したりして直接描いていきましょう。一発勝負で描くのが苦手な人は、カードより少し小さめの薄い紙に描いて、それをカードに貼りつけるとよいでしょう。

ホワイトカードには、水彩絵の具や水性マーカーなどで描くことができます。ただ、クレヨンやクレパス（オイルパス）などは、手で持つとべたついたり、カードを重ねたりすると色が別の紙にうつるので使わないようにしましょう。

2. 切り抜きした図版を、カードに貼りつける

この場合は、印刷する画像の大きさをカードのサイズに合わせる必要があります。普段から、雑誌のグラビアや美術展覧会のチラシ、パンフレットなどに気を配り、切りとってファイルなどにストックしておきましょう。

3. 撮影した写真をプリントして貼りつける

自分で撮影した「パブリックアート[1]」作品や、家族の作品などをカードの大きさ（A6サイズ）に合うように印刷し、貼りつけます。カードは厚めの紙を使っていますが、プリンターによっては直接印刷できる場合もありますので、説明書でよく確認してください。インクは「顔料系[2]」で印刷すると色が長持ちします。

パブリックアートを活用して

彫刻は立体ですが、写真にしてしまうと一方向から見た形しかわかりません。そこで、カードを使って作品の周りをぐるっと回った気分になりましょう。実際の作品のイメージがより生き生きと感じられるようになります。

あなたの身近にあるパブリックアート作品を、実際に回りながらデジカメで撮影してカードにします。そのカードをシャッフルして、回って見える順番に並べるゲームができます。見る角度によって、まったく違ったように見える抽象彫刻を選ぶと、変化があって面白いでしょう。

360度を12分割すれば30枚のカードになります。最初は5枚くらいを使って慣れたら、カードの枚数を増やすと、いっそう難しくなります。

堀内正和「進む形」1988年 ｜ 212×269×100cm ｜ ステンレススチール　碧南市臨海体育館前設置

著作権について

ネット上の画像をダウンロードして印刷する場合は著作権に配慮する必要があります。
家庭内で、個人的な楽しみのために行っていても、著作権者の許諾が必要な場合もあるので注意しましょう。「美術作品画像　フリー」などで検索すると、アメリカのメトロポリタン美術館など、いくつかの美術館ではフリーでダウンロードできる作品画像を公開しています。
一般に学校教育法で定められた「学校の授業」で使う場合、「著作権法35条」には学校における一定の状況下において、複製を認めるなどの例外規定[3]がありますので、確認しておくとよいでしょう。
そうした授業で使う場合に限り、印刷もできるフリーの画像を提供しているWEBサイトもあります。
▶教育用画像素材集　https://www2.edu.ipa.go.jp/（独立行政法人情報処理推進機構）

注1　「パブリック・アート」とは「一般公衆に開放されている屋外の場所に恒常的に設置されている美術の著作物の原作品又は建築の著作物」であり、自由に撮影できるもの。自分で撮影した写真を自分で楽しむ限り、著作権法に触れることはない。

注2　プリンターのインクには「染料系」と「顔料系」の2種類があり、プリンターの機種によってどちらを使うかは決められている。カードに直接印刷する際はどちらも使用できるが、「顔料系」のほうが変色しにくい。

注3　教育を担任する者及び授業を受ける者は、授業の過程で利用するために著作物を複製することができる。また、当該授業が行われる場所以外の場所で同時に授業を受ける者に対して公衆送信を行うことができる。ただし、著作権者の利益を不当に害することとなる場合を除く。

Part.2

カード作品解説

ここでは、付属カードの作品についての基本情報、解説を紹介します。
最初に読んでからゲームをするよりも、好きな作品や、
もっと知りたいと思う作品が出てきたら、
参照してみるとよいかもしれません。

作品一覧表・大きさ別一覧表

	作品名	作者名	サイズ	サイズ順（縦・高さ）※建築物を除く
01	無題	キース・ヘリング	高さ 411.0cm	1
02	会話	ニキ・ド・サンファール	高さ 124.0cm	16
03	畑のおばけ	小川芋銭	42.2×57.5cm	33
04	ボールをつかむ爪の上の野兎	バリー・フラナガン	高さ 335.0cm	4
05	唐獅子図屏風	狩野永徳	223.6×451.8cm	5
06	ハート形土偶	—	高さ 30.3cm	38
07	フクロムササビ	フレッド・ディジバルカーディ	63.0×42.0cm	28
08	グエゾ王のシンボル	—	高さ 60.0cm	29
09	プルキシ仮面	カンチャ・チトラカール	33.0×21.0cm	36
10	Flower Matango(b)	村上 隆	高さ 400.0cm	2
11	ドレス	草間彌生	58.6×47.8cm	30
12	風神	籔内佐斗司	高さ 58.0cm	31
13	姫路城	—	—	—
14	ニーゼン山	パウル・クレー	17.7×26.0cm	43
15	ラブ	ロバート・インディアナ	高さ 360.0cm	3
16	湖畔	黒田清輝	69.0×84.7cm	26
17	駅	松本竣介	38.0×45.6cm	34
18	華狩頌	棟方志功	132.0×158.0cm	15
19	木綿衣	アイヌ民族	133.0×130.0cm	14
20	グレーの橋	浅井 忠	28.4×43.5cm	39
21	山中湖の暁	川瀬巴水	36.5×23.7cm	35
22	冨嶽三十六景 神奈川沖浪裏	葛飾北斎	25.3×37.0cm	40
23	舟遊び	クロード・モネ	145.5×133.5cm	11
24	鉄道	エドゥアール・マネ	93.3×111.5cm	24
25	コレー	—	高さ 120.0cm	17
26	円盤投げ	ミュロン	高さ 155.0cm	9
27	Mumps	奈良美智	120.0×110.0cm	18
28	シャルトル大聖堂	—	—	—
29	素桜神社の神代桜	中島千波	175.0×340.0cm	8
30	叫び	エドヴァルド・ムンク	91.0×73.5cm	25
31	色絵雌雉香炉	野々村仁清	高さ 22.2cm	42
32	すわるジョルジェット・シャルパンティエ嬢	ピエール＝オーギュスト・ルノワール	97.8×70.8cm	21
33	曝書	南 薫造	65.1×80.3cm	27
34	白象図	俵屋宗達	181.0×125.0cm	7
35	獅子虎図屏風	曾我蕭白	各154.3×156.6cm	10
36	ひまわり	フィンセント・ファン・ゴッホ	100.5×76.5cm	20
37	山形市街図	高橋由一	105.0×151.0cm	19
38	諸魚図	伊藤若冲	142.6×79.4cm	12
39	デルフトの眺望	ヨハネス・フェルメール	96.5×115.7cm	22
40	グランド・ジャット島の日曜日の午後のための習作	ジョルジュ・スーラ	15.7×25.0cm	44
41	アテネのアクロポリス	—	—	—
42	コンポジションⅧ	ヴァシリー・カンディンスキー	140.0×201.0cm	13
43	石窟庵と仏国寺	—	—	—
44	東海道五拾三次之内 庄野	歌川広重	25.2×37.4cm	41
45	春（プリマヴェーラ）	サンドロ・ボッティチェリ	203.0×314.0cm	6
46	鳥獣人物戯画巻	伝 鳥羽僧正	（甲巻）30.4×1148.6cm	37
47	秋冬山水図 冬景図	雪舟等楊	47.8×30.2cm	32
48	苦闘する形態Ⅴ-1	中島晴美	高さ 94.4cm	23

49-56は何も印刷されていないホワイトカードです。 32ページ

01

キース・ヘリング（1958-1990）　アメリカ

「無題」
むだい

1985 ｜ 高さ411.0cm ｜ スティール

設置場所：福岡県

キース・ヘリングは、1980年代に活躍したペンシルバニア州生まれのアメリカの美術家です。道路や地下鉄の広告パネルにリズミカルな線を使った「らくがきのような」作品を発表し、ストリート・アートの先駆者とも呼ばれています。そのユーモラスでシンプルな線を活かしたデザイン画はTシャツ、コップなどの日用品にも使われ、生活の中でアートを楽しむ人々に愛されています。旧西ドイツの検問所に壁画を描くなど、国際的にも活躍しましたが、エイズにより31歳の若さで亡くなりました。この作品は、「赤い犬」シリーズの一つで、このほかにもヘリングは、犬の形を基にした絵画や彫刻を発表しています。この作品は赤い紙に描いた絵をそのまま切り取ったかのような、スティールの板を切り抜いて立てたもので、4m以上の大きさであることを想像してみましょう。こうした平面的で単純化された表現は子どもにも親しみやすいものですが、作家はその表現の中に、言語と同じような「記号」としての一般性をもったデザインを求めていたとされています。（藤江 充）

02

ニキ・ド・サンファール（1930-2002）　フランス

「会話」
かいわ

1994 ｜ 高さ124.0cm ｜ 樹脂

設置場所：ファーレ立川［東京都］

撮影：柳原茂光

この作品は、東京の立川駅近くの広場で見ることができます。作者のニキ・ド・サンファールはアメリカ人とフランス人の両親のもとパリに生まれました。サンファールは特別な美術の教育を受けたことはなく、彼女自身の心の病の治療として絵を描き始めました。作家のジャン・ティンゲリーとの出会いをきっかけに、大地母神のような女性のイメージ「ナナ」を生み出します。この椅子には2人が違う方向を向いて座ります。相手と顔を合わせるとどんな会話が始まるでしょうか。椅子は、白、赤、青、黄色などカラフルな模様の蛇たちがまとわり付く不思議な形をしています。丸みのある形をたくさん用い、原色を使ったサンファールの作品は生命感にあふれています。（白木栄世【森美術館】）

03

小川芋銭（1868-1938）
おがわうせん

「畑のおばけ」
はたけ

1929 ｜ 42.2×57.5cm ｜ 絹本淡彩

個人蔵

弓なりの月が黒い雲を押しのけて赤黒く輝いています。こんな不吉な夜には、畑の野菜たちも異様な空気に反応し、妖気を帯びて目を覚まし、口を開き、足まではやして立ち上がり、行進するとでも言うのでしょうか。茨城県の南部にある牛久沼のほとりで育ち、生涯その地を本拠とした小川芋銭という日本画家は、なじみ深い水郷（水辺の里）の風景や旅で出会った海、山、それから田園に暮らす人々を豊かな自然の中に描き、あるいは、昔の立派な人物の絵を得意としましたが、その一方で「河童の芋銭」の異称をもつように、河童に代表される「水魅山妖」と自ら呼ぶところの妖怪や動物たちを好んで描きました。今では夜でも暗闇を探すのが難しいほどですが、かつて人間は夜の闇に恐れを感じ、その闇の世界に人々を引き込む存在として様々な妖怪の話をつくりました。芋銭は、そういう話や残された絵を参考としましたが、この畑のおばけたちは彼のオリジナルのようです。でも、ダイコンやスイカのおばけたちは、芋銭の描く河童と同じように、どこか茶目っけがあって怖くはないようです。先頭を行くカボチャなんかは、思わずつまずいて転げてしまいました。二六夜くらいのこの月が空にのぼり始めると、それを追いかけてすぐにお日さまが東の地平に顔を出すから、彼らは慌てて畑に戻るところなのかもしれません。（小泉淳一【茨城県近代美術館】）

04

撮影：ただ（ゆかい）

バリー・フラナガン（1941-2009） イギリス

「ボールをつかむ爪の上の野兎」

1995｜高さ335.0cm｜ブロンズ

設置場所：白川公園［愛知県］

まるで人間のように手足が長い野ウサギが、両腕を前方に突き出しながら両脚を揃えて立っています。野ウサギは顔を上げて前方を見ており、耳もぴんと立てて少し緊張しているようです。野ウサギの足の下には動物の手があります。指の形から鳥か爬虫類のように見えるその手には鋭い爪がはえており、ボールをしっかりつかんでいます。この作品は、粘土でつくった像から型を取って、ブロンズ（青銅）で複製した彫刻です。野ウサギの顔や胴体をよく見ると、作者が粘土をくっ付けたり、押し込んだり、削ったりした跡が見て取れます。作者のバリー・フラナガンは、イギリス出身の彫刻家です。1960年代から70年代は抽象的な立体作品をつくっていましたが、1979年頃から動物、特に野ウサギの像を数多くつくるようになります。飛び跳ねたり、おどけたり、深く考え込んだりと様々な姿で表された野ウサギたちは、フラナガンにとって、人間のあらゆる行動や感情を人間の姿で表すよりも率直に表現することができる存在でした。（荒木 和）

05

狩野永徳（かのうえいとく）（1543-1590）

「唐獅子図屏風（からじしずびょうぶ）」［六曲一双のうち右隻］

安土・桃山時代｜223.6×451.8cm｜紙本金地着色

宮内庁三の丸尚蔵館［東京都］蔵

唐獅子のもととなるのは獅子、すなわちライオンです。西方シルクロードから中国を経て日本に伝わった唐獅子は、権威や権力を象徴する聖獣とされ、表現も実物から離れ、独自に変化しました。唐獅子の「唐」は外国風の意味で、獅子を猪・鹿と区別した呼び名です。室町時代から江戸時代まで最大の画派であった狩野派の絵師らの中でも、狩野永徳は傑出した存在です。この屏風は、雌雄2頭の唐獅子が、金色の雲間の中を威風堂々と歩く姿が描かれており、大画面を圧する迫力がみなぎり、権威を象徴するかのような豪放・豪壮な表現が使われています。また、唐獅子の体に描かれた斑点状の模様や巻き毛などの装飾は、永徳の特徴的な表現と言えるでしょう。 この屏風は、1582年の高松城水攻めの際に、羽柴（後の豊臣）秀吉の陣屋屏風として用いられていたものと伝えられています。いかにも戦国武将の好みに合うことから、永徳は秀吉に重用されました。しかし、安土城を始めとする城郭や御殿に描かれたとされる障壁画が、ほとんど失われてしまったことと、永徳が48歳で没してしまったために、現在わずかな作品しか見ることができません。（JAMM研究会）

06

画像提供：東京国立博物館　Image:TNM Image Archives

「ハート形土偶（がたどぐう）」

縄文時代後期｜高さ30.3cm

個人蔵　重要文化財

この作品は粘土を人の形にこねて焼いたもので、土偶と呼ばれています。土偶とは縄文時代を代表する祈りの道具で、これまで日本では2万点ほど見付かっています。 縄文時代の始まりとともにつくられた土偶は、当初頭や手足の表現がない小さく簡素なものでしたが、中頃になると大きくなって立像となり、表情豊かで個性的な姿形のものが各地でつくられるようになりました。その代表が「縄文のビーナス」と呼ばれる土偶で、その出現は、当時の社会や文化が成熟期を迎えたことを暗示していると考えられています。土偶の多くは乳房を表すことから女性像と考えられ、そのため土偶は安産や子孫繁栄、そして豊饒を祈るために用いられたと言われています。この土偶はハート形土偶と呼ばれ、縄文時代後期の東北南部から関東地方に分布する特徴的な土偶で、その名はハート形をした顔に由来しています。顔や体の表現は極端にデフォルメされ、丸い目や大きな鼻、広い肩にくびれた胴部、張り出した腰から伸びる太い足が形づくられています。文様は渦巻文を基点として直線や弧線を重ね、列点（れってん）で輪郭を示す繊細なもので、木の篦（へら）や竹などを半分に割った工具を用いて全身に施されました。（品川欣也【東京国立博物館】）

07 フレッド・ディジバルカーディ（生没年不詳）　オーストラリア

「フクロムササビ」

1980（収集）｜63.0×42.0cm｜樹皮など

国立民族学博物館［大阪府］蔵

この作品は、オーストラリア先住民であるアボリジニの人々のうち、北部アーネムランドの町オーエンペリ周辺に暮らす人々が描いた樹皮画です。樹皮画というのは、オーストラリアで多く見られるユーカリのうち、はがれやすい種類の樹皮の上に、植物や粘土からつくった赤、白、黒、黄色の4種類の絵の具を使って描く、伝統的な絵画です。オーストラリア大陸に元々すんでいたほ乳類は、ネズミ類を除き、全て母親のお腹に赤ちゃんを育てる袋がある有袋類です。有袋類だけが独自の進化をしたオーストラリア大陸では、カンガルーやコアラを始めとして、ほかの大陸では様々な形に進化したほ乳類の有袋類バージョンがすんでいます。この作品のフクロムササビも、ほかの大陸のムササビと同様、長い前足と後足との間にある飛膜を広げて木々の間を滑空する有袋類なのです。アボリジニの人々は、それぞれのグループごとに、世界や自分たちをつくりだした精霊たちの活躍する神話を伝承しています。そうした神話は、絵や唄、踊りで表現され、次の世代に伝えられます。この樹皮画を描いたグループの神話には、フクロムササビが登場するのです。昔は岩壁や樹皮に描かれていた神話が、今では芸術作品として市場に販売されています。（久保正敏【国立民族学博物館・文化資源研究センター】）

08 「グエゾ王のシンボル」

18世紀頃｜高さ60.0cm｜木など

個人蔵

画像提供：東京かんかん

西アフリカ、ギニア湾沿岸、現在のベナン共和国が位置するあたりには、17世紀から19世紀にかけて繁栄したダホメ王国がありました。グエゾ王（1818-1856）は、ダホメ王国第9代国王で、女性戦士数千人を擁して近隣に出兵して奴隷狩りを行い、主にアメリカ大陸の農園で働かせる奴隷として輸出（奴隷貿易）することによって莫大な利益を上げ、繁栄しました。一時、ヨーロッパ人勢力にも対抗しましたが、1894年にはフランス軍の侵攻を受けて滅亡し、植民地となり、その後変遷を経て1990年にベナン共和国となりました。グエゾ王の治世時に使われていたのは、象が王冠を被ったかわいらしい国旗で、また、王権のシンボルとして、このライオン像や斧などがありました。（JAMM研究会）

09 カンチャ・チトラカール（1921-2011）　ネパール

「プルキシ仮面」

1981｜33.0×21.0cm｜粘土、ネパール和紙、絵の具など

国立民族学博物館［大阪府］蔵

この仮面はカトマンドゥ盆地のティミで、チトラ（絵）カール（師）というネワール人の絵師カーストの職人がつくりました。家業として職能が伝承されるカースト集団は職人と見なされ、作品には制作者のサインはありません。買う人も誰の作かは気にとめず、芸術作品とは考えられてきませんでした。良質の粘土が採れるティミは、素焼き土器の生産地として有名です。仮面も原型が粘土のため、この町には数軒の仮面店があります。この作品がつくられた頃、仮面の原型は1点ずつ手づくりされ、ネパール和紙を糊で貼って彩色していました。1993年頃からは石膏でつくりおいた雌型に粘土をはめ込んで原型をつくるように変わりました。仮面は本来、ヒンドゥー教の仮面舞踊で演者が実際に被るものです。そのため目には孔があけられ、裏には顔に括るための紐が見られます。しかし、この作品は小型の飾り用ないし土産用の仮面であるため、目に孔はありますが、裏には壁掛け用の紐があるのみです。プルキシは、天界の王で雨を司るインドラ神の乗り物です。神話によれば、インドラ神は地上に花を盗りに降りてきて人間に囚われます。インドラ・ジャトラという祭りの日、プルキシの仮面を付けた演者は、囚われた主人を探して右往左往します。滑稽な象の踊りに子どもたちは大喜びし、大人はプルキシに象頭神体のガネーシャ神の姿を重ねます。（南真木人【国立民族学博物館】）

10

村上 隆（むらかみ たかし）(1962-)

「Flower Matango(b)」（フラワー マタンゴ ビー）

2001-06｜高さ400.0×幅300.0×奥行280.0cm

ファイバーグラス、ラッカー、鉄

©2001-2006 Takashi Murakami/Kaikai Kiki Co., Ltd. All Rights Reserved.

村上隆は、日本の「マンガ」文化の表現方法を用いて、キャラクター、ドクロ、花などをモチーフに絵画や立体作品などを制作します。サブカルチャーを題材としながら、その作風には立体感のない平面性や装飾性、余白の効果など、伝統的な日本画の影響が見られます。彼の作品は、日本の消費文化に漂う独特の空虚感、美術と大衆文化との境界線などについて考えさせます。この作品は、代表的な花のモチーフを球体に並べた立体作品です。12枚の花びらをもつカラフルな花々は弾けるようなほほえみを一様に浮かべています。2010年、ヴェルサイユ宮殿で開かれた個展では同シリーズの作品も展示されました。壮麗なバロック様式と戦後日本のアニメ様式の衝突と自ら語ったこの個展は話題を呼び、歴史的な宮殿と村上作品との意外な組合せに賛否両論が沸き起こりました。アートが表現するテーマや人々が何を美しいと感じるかは、時代と共に変化し続けるものです。「美」とは何か、という議論を巻き起こすこと自体も、村上隆のアートなのかもしれません。（白濱恵里子【森美術館】）

11

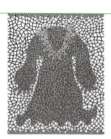

草間彌生（くさま やよい）(1929-)

「ドレス」

1982｜58.6×47.8cm｜リトグラフ、コラージュ

鮮やかな色彩と水玉や網目で彩られたドレス。背景にまでびっしりと描かれ、全体が覆い尽くされています。ドレスを着て外へ出掛ける楽しい気持ちや、反対に毒々しい気分、憂鬱さなど、人によって感じ方は異なることでしょう。 草間彌生は、少女時代から病気による幻覚と闘っていました。彼女にとって、心に浮かぶイメージを紙片に描きとめることは驚きや恐怖を鎮める手段でもあり、その後の芸術の原点の一つとなりました。日本画を学んだ後、1960年代、ニューヨークを拠点にパフォーマンスや絵画制作を始め、無限に増殖するかのような水玉や網目、突起物のある立体作品などで注目を集めました。彼女の描く作品は、精神の救済や愛を象徴し、増幅することで永遠の愛や宇宙、生と死などを表しているのです。南瓜がモチーフのオブジェやインスタレーションなど様々な作品が世界中の人たちに愛されるのは、見た人の心を癒し、楽しませ、壮大なイマジネーションをかき立てるからなのでしょう。 彼女の作品は、日本では松本市美術館、ベネッセアートサイト直島（なおしま）などで見ることができます。（白濱恵里子【森美術館】）

12

籔内佐斗司（やぶうち さとし）(1953-)

「風神」（ふうじん）

1989｜高さ58.0cm｜檜、漆、顔料、銅

個人蔵

ぷうっと頬を膨らませ、目と鼻を顔の中心に集めつつ口をぎゅっとつぐんだ表情がとても印象的な作品です。肩には力が入り、その額には血管が浮かんでいるようです。口からは何か白い雲のようなものが出ていて、左手には風車を掲げています。たくましい上半身に比べ、下半身は具体的に表されておらず、その代わりに半円形のアーチに、ゆらめく動きを表すような文様が描かれ、左右に動きそうなカーブを描いています。はたまたアーチは雲を表し、雲間からニュッと現れてきているのでしょうか。またふくよかな耳もどこか人間離れしているようでもあります。タイトルは「風神」。文字通り風を司る神様を表現しています。風神として見れば、口から出ているのは風の動きを表す蒸気のようなものにも見えてきます。大きく膨らんだ頬の様子からは、更に大きな風が吹いてきそうだと思いませんか。風車や腰下の文様や半円が風の動きやイメージを強調し、風神の役割を象徴しています。風神はしばしば雷神と対となって、多くの場合、鬼の姿を模しています。ところが本作には角や牙もなく、鬼や神というよりは非常に人間に近い形をとっており、親しみやすさすら感じます。（齊藤佳代）

「姫路城」
安土・桃山時代｜兵庫県
世界遺産

画像提供：ユニフォトプレス

姫路城は1610年に池田輝政が完成させた、独特の様式をもつ日本の城郭を代表する建造物です。1993年12月、奈良の法隆寺とともに、日本で初の世界文化遺産となりました。城の形が優美で、壁などに白い漆喰を使っていることから、昔から白鷺城とも呼ばれています。14世紀に建造された城が、関ヶ原の戦いの後の大改修によって現在の形となり、江戸城に次ぐ規模となりました。城郭内部の建築構造はこの大改修時のまま残っており、外郭地域とも併せて保全されています。 右手奥に見える一番大きいものが大天守、その周りには小天守と呼ばれるものが3基配置されていて、それらの間をつなぐ渡櫓を上から見ると、全体としてロの字の形になっています。幕末時には全国に260以上を数えた城郭は、明治期の欧化主義や、古いものを壊して新しいものをつくるという流れの中で次々と破壊され、幸い保存されたものも第二次世界大戦で戦火に包まれました。姫路城は数々の災難を逃れて現在も保存されている、数少ない城郭の一つです。
（編集部【情報提供：ユネスコ】）

パウル・クレー（1879-1940） スイス

「ニーゼン山」
1915｜17.7×26.0cm｜水彩、紙

ベルン美術館［スイス］蔵

画像提供：ユニフォトプレス

画面の中心要素となっているのは、大きな青い三角形で表された山です。空には濃い色の雲が掛かり、記号のような月、三つの星、二つの太陽が描かれています。手前側にはいくつものタイルのような四角形が様々な色で描かれています。中には模様が描かれたものもあります。中央下方には、木か葉のような形も見えます。画面の下の方は平地でしょうか。緑や赤系の色をした横長の形があります。この作品の題名になっているニーゼン山は、実際にスイスにある標高2,362mの山で、絵と同じような三角形が特徴です。作者のパウル・クレーはスイスで生まれ育ち、子どもの頃からこの山の景色に親しんでいました。クレーの初期の絵は、線描を重視したものでした。しかし、1914年に友人の画家たちとともに北アフリカのチュニジアへ旅行したことをきっかけに画風が大きく変わり、明るい色彩を用いるようになりました。その翌年に描かれたこの作品でも、水彩絵の具の性質を活かした鮮やかな色が使われています。（荒木 和）

ロバート・インディアナ（1928-） アメリカ

「ラブ」
1970（原型）／1993｜高さ360.0cm｜アルミニウム

設置場所：東京都

ロバート・インディアナは、本名をロバート・クラークと言います。インディアナ州の出身であることから、インディアナと名乗るようになりました。ポップ・アートの有名な作家であるアンディ・ウォーホルの映画にも出演するなど、「ポップ・アート」の旗手の1人として、広告などの大衆文化からの図像や文字を作品に取り入れる活動をしてきた作家です。 この「LOVE」という文字を使った作品は「神は愛なり」のサインを示したものとされ、1965年にニューヨーク近代美術館のクリスマスカードに採用されてから人気が高まり、1973年にはアメリカの切手のデザインにも使われました。この彫刻作品は日本では東京都新宿区で見ることができますが、人気のあるパブリック・アートの作品として世界各地に設置されています。この作品のシリーズは、設置場所によって多少の色の違いがありますが、地味な色の直線的な建物の多いオフィス街では、こうした原色に近い生き生きとした色とユニークな文字の形は、「愛」のメッセージとともに、見る人の目を引き付けています。（藤江 充）

黒田清輝（くろだせいき）(1866-1924)

「湖畔」（こはん）

1897 ｜ 69.0×84.7cm ｜ 油彩、キャンヴァス

東京国立博物館［東京都］蔵　重要文化財

画像提供：東京文化財研究所

箱根の芦ノ湖のほとりで、団扇を手に涼をとる女性は、明治時代の画家、黒田清輝の妻で、当時23歳の照子夫人がモデルとなっています。1897年に、夫人とともに避暑に訪れた時に描かれたものです。初め、「避暑」という題名で第2回白馬会展という展覧会に出品され、1900年のパリ万国博覧会にも出品されました。湖水は、緑色や紫色が輝いて山々や空の光を映しています。向こう岸の山は、深い緑から明るい黄緑まで微かに変化していく様子をとらえています。水面や山々、人物の肌合いにも薄めの色を加えて、それぞれの質感に合わせた豊かな色彩を生み出しているのです。また、人物の顔は、やや理想化した形に変更して描かれています。つまり、制作途中に少しずつ手を加えていっているのです。しかし、入念に下絵を用意したのではなく、モデルを前にして、現地で直接キャンヴァスに向かって描かれたもので、湖畔の空気や光を画面にとらえようとしています。黒田は、西洋の絵画技法をフランスで直接学び、日本に新たな絵画の表現をもちこみました。そして黒田はこの作品において、日本の気候や風景、人物を西洋からもちこんだ新しい技術で見事に表したのです。（松嶋雅人【東京国立博物館】）

松本竣介（まつもとしゅんすけ）(1912-1948)

「駅」（えき）

1942 ｜ 38.0×45.6cm ｜ 油彩、板

福島県立美術館［福島県］蔵

灰色掛かった水色の空に、無数の煙突や柱、信号塔などが見えます。右側には、人物と犬が、シルエットだけで薄く背景に溶け込んでいくかのように描かれ、ぼんやりと佇んでいるような印象を残します。空や建物、道路には何度も塗り重ねられた絵の具の起伏があり、画面に複雑な表情を加えています。都会のありふれた風景でありながら、静けさと孤独感が漂うこの絵は、東京駅裏の八重洲機関庫を描いたものとされています。太平洋戦争が開戦し、日本が戦争に進み始めた時代に描かれました。松本竣介は東京に生まれ、岩手県盛岡市で育ちました。13歳の時に重い病気のため聴覚を失い、画家を志します。17歳で上京し、太平洋画会研究所で絵画を学び、23歳で二科展初入選を果たしました。それ以後、竣介は都会を行き交う人々や街角を題材として多く取り上げます。絵を描く以外にも雑誌の編集や発行、執筆などもしており、1941年に雑誌『みづゑ』に投稿した『生きてゐる画家』は、軍部による芸術の統制に抵抗する強い意志を主張したものとして知られています。竣介は、戦時下においても東京や横浜を歩き、建物をスケッチしながら制作を続けました。36年という短い生涯の中で、社会や時代を深く見つめ、詩情あふれる都会の姿を描き出しました。（白木ゆう美【福島県立美術館】）

棟方志功（むなかたしこう）(1903-1975)

「華狩頌」（はなかりしょう）

1954 ｜ 132.0×158.0cm ｜ 木版、紙

棟方志功記念館［青森県］蔵

棟方志功は青森が生んだ世界的な版画家で、1955年にサンパウロ・ビエンナーレで版画部門最高賞を受賞、翌56年にヴェネツィア・ビエンナーレで国際版画大賞を受賞し、1970年には板画家として初めて文化勲章を受章しました。「華狩頌」は一見狩猟図のように見えます。ところが馬に乗った人物は武器を持っていません。棟方は、アイヌの祭にある、クマの霊を送るために空に向かってきれいに削った花矢を射るという儀式をヒントにし、「華を狩る」というテーマで板画にしようと制作に掛かったそうです。構図は高句麗古墳にある狩猟壁画をモチーフにしたものの、華を主にして、馬上の人間に弓矢を持つ手付きだけを示すようにしました。そして空を飛ぶ鳥、地上を駆け回る獣、疾駆する馬など躍動感あふれる動物の間を、地に棲む花で埋め尽くすという装飾的な作品となっています。「華狩頌」について棟方は「花を狩る心思いで板画にしました。獣を狩るには、弓とか鉄砲とかを使うけれども、花だと、心で花を狩る。きれいな心の世界で美を射止めること、そういうものをいいなあと思い、弓を持たせない、鉄砲を持たせない、心で花を狩るという構図で仕事をしました」と、想いを語っています。（武田公平【棟方志功記念館】）

19

アイヌ民族［北海道］

「木綿衣」

明治後期 - 昭和初期頃（推定）｜133.0×130.0cm｜木綿など
国立民族学博物館［大阪府］蔵

アイヌ民族は、北海道を中心に樺太（サハリン）や千島列島など日本の北部に古くから住んできた人々です。周辺の民族との交流の中で様々な影響を受けながらも、ことば（アイヌ語）を始め、独自の文化を育んできました。その衣類には、かつては草や木の繊維を糸にして自ら織った布を使っていましたが、次第に日本の本州との交易で手に入れた木綿などを多く使うようになりました。本作は、紺の木綿地に薄手の白い木綿を切り抜いて縫いとめ、その上に紺の糸で刺繍がなされています。このように白布で大きな文様を施した着物はアイヌ語でカパラミプ（kapar-amip 薄い・着物）と呼ばれ、幅広の白木綿が入手できるようになった明治後半以降につくられるようになった比較的新しいものです。ほかに衿には縞の、前開きの中ほどには水色無地の、裾には赤い花柄の別布が当てられています。開口部に当てた布は、破れないように補強するばかりでなく、悪いものが入ってこないようにする魔よけの結界の意味があったとも考えられています。文様は、「モレウ」と呼ばれる渦巻きと「アイウㇱ」と呼ばれる「とげ」のある曲線の連続文がよく用いられます。これらは、アイヌに関する記録が増える江戸時代後期の古文書にも描かれています。（齊藤玲子【国立民族学博物館】）

20

浅井 忠（1856-1907）

「グレーの橋」

1902｜28.4×43.5cm｜水彩、紙
石橋財団ブリヂストン美術館［東京都］蔵

東京美術学校（現 東京藝術大学美術学部）の教授だった浅井忠は、1900年のパリ万国博覧会を機に、文部省から2年間のフランス留学を命じられます。万博期間中は公務に追われるものの、その終了後は40代半ばとは思えないみずみずしい感性をもって、風景画や人物画の制作に取り組んでいきました。グレーとは、パリの南東70kmにある小村グレー＝シュル＝ロワンのことで、フォンテーヌブローの森をはさんでバルビゾンの反対側に位置しています。この人口数百人の小村は、1860年代から20世紀初めにかけて、北欧、イギリス、アメリカ、そして日本の画家や音楽家たちが集う芸術家コロニーでした。浅井も2年間の滞仏中、4回グレーを訪れており、そのうち最後で最長の滞在が、1901年10月から翌年3月までの6カ月間でした。浅井の滞仏中の重要な作品はこの半年間に集中しています。初秋から晩冬にかけて、生まれ変わったかのような明るい色使いでこの小村を描き尽くしました。この作品に描かれた橋は、セーヌ川の支流ロワン川に掛かる「古い橋」と呼ばれるもので、そのたもとに浅井らが滞在したオテル・シュヴィヨンがありました。写真の影響を受けていた浅井は、この構図に執着し同じ構図による複数の水彩作品を残しています。（貝塚 健）

21

川瀬巴水（1883-1957）

「山中湖の暁」

1931｜36.5×23.7cm｜多色木版、紙
兵庫県立美術館［兵庫県］蔵

画面の上半分は雲一つない空の中にそびえる富士山、下半分は山中湖の水面が大部分を占める風景画です。遠景と近景の間には、森が広がっています。空、富士山、湖面、地面の色は、それぞれ繊細なグラデーションで上から下に色が変化しています。富士山は山頂の雪の部分が朝焼けでピンク色に染まり、下は青の濃淡で描かれています。画面の中心近く、岸が突き出たところに小さな舟が停まっていますが、近くに人の姿はありません。湖面には富士山の姿が写り、その像は下に行くほど波で切れ切れになっています。下の方の地面は、土や小石ででこぼこしています。作者の川瀬巴水は、全国を旅して詩情あふれる風景を描き、「旅情詩人」「昭和の広重」などと呼ばれた版画家です。初めは油彩画や日本画を学んでいましたが、日本画家・伊藤深水の風景版画に刺激されて本格的に版画を始めました。彼が手掛けた版画は浮世絵の伝統を引き継いだ「新版画」と呼ばれるもので、絵を描く人、木の版を彫る人、刷る人が役割を分担して制作しました。（荒木 和）

22 葛飾北斎（かつしかほくさい）(1760-1849)

「冨嶽三十六景 神奈川沖浪裏（ふがくさんじゅうろっけい かながわおきなみうら）」

1831-33 ｜ 25.3×37.0cm ｜ 多色木版

東京国立博物館［東京都］蔵

Image:TNM Image Archives

この絵は、江戸時代の後半に浮世絵師の葛飾北斎が描いた木版画の作品です。数多く刷られ、外国の美術館にも作品が所蔵されており、作品によって色味が異なります。海外のミュージアムショップでおみやげとしてこの絵に出会うことがあるかもしれません。北斎は、定規とコンパスのようなものを使うと簡単に絵が描けると言っています。この絵も三角形や円が組み合わされて構図がつくられています。動きのある波とその動きの中心に置かれた富士山。動と静、大と小が対比的に描かれ、遠近感が生み出されています。本当にこんな大波だったら、船はひとたまりもありません。実際の風景をそのままに描くのではなく、ドラマチックに誇張された表現で、形の無い波の一瞬が生き物のように写し取られています。ポール・セザンヌやフィンセント・ファン・ゴッホなど西洋の芸術家たちは、陰影のない平板で明るい色彩の浮世絵版画を見て驚き、強い影響を受けました。作曲家のクロード・ドビュッシーは仕事場に掲げたこの作品から霊感を受けて交響詩「海」を作曲したと言われています。海外では「グレートウェーブ」と呼ばれ、世界的によく知られた1枚です。（田沢裕賀【東京国立博物館】）

23 クロード・モネ (1840-1926) フランス

「舟遊び（ふなあそび）」

1887 ｜ 145.5×133.5cm ｜ 油彩、キャンヴァス

国立西洋美術館［東京都］蔵 松方コレクション

Photo:NMWA/DNPartcom

涼しげな白いドレスを着た2人の女性が小舟に乗っています。2人は、この絵の作者クロード・モネの再婚相手アリス・オシュデの娘のシュザンヌとブランシュです。モネは、1883年に妻カミーユが亡くなると、アリスと子どもたちを連れてジヴェルニーに移り住みました。そこで彼は、屋敷の近くを流れるエプト川に小舟を浮かべて遊ぶ家族の姿を何度も描きました。モネは、絵の対象を本当に描くには、同じモチーフを何回も描かなければならないと考えていたのです。2人が乗った小舟は、半分に断ち切られて画面の上部に配置されています。この大胆な構図は、モネを始めとする印象派の画家たちが興味をもっていた日本の浮世絵版画に影響されていると考えられます。一方で、画面の大部分を占める小舟の周囲の水面には、小舟の影と空に浮かぶ雲、あるいは周囲の景色が鮮やかな色彩と大胆なタッチで描かれています。このような生き生きとした日常の風景をモチーフに、モネは水面に踊る光や周囲の空気の微妙な効果を伝える風景画を数多く描きました。（寺島洋子）

24 エドゥアール・マネ (1832-1883) フランス

「鉄道（てつどう）」

1873 ｜ 93.3×111.5cm ｜ 油彩、キャンヴァス

ワシントン・ナショナル・ギャラリー［アメリカ］蔵

画像提供：ユニフォトプレス

この絵を描いたエドゥアール・マネはフランスの19世紀後半に活躍した画家です。この時代のフランスでは、「歴史画」と呼ばれる歴史上の出来事や聖書、ギリシャ・ローマ神話の物語などを主題とした絵が最も高級なものと考えられていました。しかしマネは、自分と同じ時代に生きる人々やその当時の社会のありさまを、軽やかな筆遣いと、鮮やかな色合いで描きました。この絵の舞台となっているサン・ラザール駅は、フランス北西のノルマンディー地方に向かう列車が発着するパリの駅です。列車の姿ははっきりと描かれていませんが、画面いっぱいに広がる白い蒸気（この時代は蒸気機関車が走っていました）によって、その存在が暗示されています。鉄道に代表される近代的な都市の風景や同時代に生きる人々を率直に描いたマネは、自然の光や近代生活をありのままに描こうと試みた「印象派」の画家たちに大きな影響を与えました。そのためマネは「印象派の父」と呼ばれることもあります。（小林晶子【東郷青児記念 損保ジャパン日本興亜美術館】）

25

「コレー」

紀元前530頃 ｜ 高さ 120.0cm ｜ 大理石

アクロポリス博物館［ギリシャ］蔵

画像提供：ユニフォトプレス

長い髪の少女が正面を向いて、背筋を伸ばして直立しています。足先が欠けていますが、スカートの形から両足を揃えていることがわかります。右腕は真っすぐ下ろし、手を軽く握っています。先の方が欠けている左腕は、割れ口の形から肘から先を前方に出していたようです。顔は無表情のようでいながら、口の端を少し上げてほほえんでいるようにも見えます。髪の毛は房状になっており、顔に比べて簡略化されています。衣服も同様で、スカートを帯で締めた部分に少しだけしわが表されています。「コレー」とは、古代ギリシャのアルカイック期（紀元前650-480頃）につくられた少女像の形式のことで、着衣で直立した姿が特徴です。失われている前に出した左手には、女神への捧げ物を持っていたと推測されています。対して少年像は「クーロス」といい、裸体で表されました。この像にも見られる、ほほえむような口元の表現は、この時代の彫刻の特徴で「アルカイック・スマイル」と言います。それ以前の全く無表情だった人物彫刻に比べて、柔らかで自然な表情の描写を実現しました。（荒木 和）

26

ミュロン（紀元前480-445頃） ギリシャ

「円盤投げ」（オリジナルのブロンズ像〈前450頃〉に基づくコピー）

100-200頃 ｜ 高さ 155.0cm ｜ 大理石

ローマ国立博物館［イタリア］蔵

画像提供：ユニフォトプレス

これは円盤を投げようとする瞬間をとらえた彫刻です。裸体のアスリートが、上体を前に倒してひねりながら右腕を後ろに高く振り上げ、視線を右手の円盤に向けています。全神経を円盤の投擲に集中させており、張りつめた緊張感が作品に漂っています。地面をしっかりと踏みしめた右脚や、円盤を振り上げる右腕には血管が浮き上がり、手足の先端にまで力が入っていることが見て取れます。右手の円盤から頭部、左腕、そして左足のつま先へと半円形の弧を描くように身体が構成されており、肉体の内部からあふれ出るダイナミックな力を感じ取ることができると同時に、時間が止まったような静謐な印象を受けるのもこの作品の大きな魅力です。この彫刻は、前5世紀半ばのギリシャの彫刻家ミュロンが制作したオリジナルのブロンズ像を基につくられたローマ時代の大理石のコピー（模刻像）です。オリジナルは失われてしまいましたが、ローマ時代につくられたコピーがいくつか残されています。ほかの大理石コピーが頭部を欠いた状態や部分だけの状態で発掘されたのに対し、ローマ国立博物館の本像は、頭部と胴体がつながった状態で発見されたため、コピーの中でも貴重な作品の一つと言えるでしょう。ミュロンは鍛えられた身体の動きを綿密に観察しながら、古代ギリシャ人が理想とした均衡と調和の取れた美を表現しました。（藤田百合【女子美術大学非常勤講師】）

27

奈良美智（1959-）

「Mumps」

1996 ｜ 120.0×110.0cm ｜ アクリル、キャンヴァス

青森県立美術館［青森県］蔵

©Yoshitomo Nara

大きな頭に、にらむような目付き、小さな口は何か言いたげに少しだけ開いています。タイトルの「Mumps」は日本語で「おたふく風邪」のこと。なるほど女の子の頭には包帯が巻かれています。しかし不機嫌なのは、ただおたふく風邪のせいでしょうか。何がこの子をこんなにいら立たせているのでしょうか 青森県出身の奈良美智は、現在、国内外で活躍するアーティストです。奈良の絵にはよくこうしたつり目の女の子が登場します。そして女の子はたいていこの絵のように、たった1人で描かれます。体は幼い子どもそのものなのに、眼差しは大人の全てを見透かすような鋭さをもっています。奈良の描く自分より大きなものに立ち向かってゆく小さな戦士のような女の子の絵は、複雑な現代社会の中で、日々孤独な闘いを続けている多くの人々の強い共感を呼んでいます。絵の表面にも注目してください。四角く切り取られた小さな布がいくつも貼り合わされているのに気付くでしょう。ツギハギにも絆創膏にも似たこのキャンヴァスの豊かな表情は、描かれた子どもの心の傷付きやすさをよく物語っています。（青森県立美術館）

28

「シャルトル大聖堂」
1145-1220｜フランス
世界遺産

画像提供：ユニフォトプレス

非常に華やかな色彩です。何に見えるかよく観察してみましょう。円の中に様々な装飾がちりばめられているのは、万華鏡の1コマのようでもあります。また下の5本の縦長の部分には、人物などが描かれており、何かの物語が表されているようです。これらはステンドグラスでできています。色付きのガラスなので、外光を受け、内部から見ると燦然と輝く様は圧巻です。この「バラ窓」は大聖堂の非常に高い部分にあり、人々が仰ぎ見るような形をとっています。ステンドグラス自体は、500年前後から寺院の窓に用いられていたとされていますが、17世紀に入り、建築上の工夫によって、この「バラ窓」のように天井に向いた高い場所への設置や面積の拡大が可能になりました。ステンドグラスはキリスト教の教えをヴィジュアル化し、視覚的にキリストの功績を伝えるために広く使われました。太陽光を孕んだ、神秘的な輝きが織りなすその物語は、直観的にキリストやマリアの偉大さが伝わるに違いありません。このような円形の窓は、シャルトル大聖堂が建てられた12-13世紀当時、車輪や歯車のイメージから生まれたとされていますが、聖母マリアを「奇すしきバラの花」と称するようになったことから、17世紀頃よりマリアを暗示し、「バラ窓」と称されるようになったと考えられています。（齊藤佳代）

29

中島千波（1945-）
「素桜神社の神代桜」［四曲一隻屏風］
1996｜175.0×340.0cm｜紙本着色
おぶせミュージアム・中島千波館［長野県］蔵

素桜神社の神代桜とは、長野県長野市にある素桜神社の小高い丘の上にある樹齢1,200年の江戸彼岸桜。素戔嗚尊が持っていた桜の杖を水辺に挿し、それが根付いたと言われています。作者である中島千波は、同じく日本画家の父、中島清之の疎開先だった長野県小布施に生まれ、花鳥画や人物画、挿絵など幅広い制作活動を行っています。中でも桜の作品は人気が高く、現在まで屏風作品を中心に数多くの作品を発表しています。この作品について中島は、「花を描いても描いても幹が消えない。でも、これは逆に言うと、そういう幹のすごさが出ているんじゃないかなとは思います。神社の中の狭いところで、本当に幹の近くでスケッチしたので、細かく描いていますね。木の大きさを出すために、だんだん画面からはみ出るようになってきました」と語っています。作品の魅力は何と言っても桜の花びらの描写ですが、その花を咲かせている幹の部分の力強い表現にも注目したい作品です。実は最初は桜は描きたくなかったという中島。古くから様々な画家が描き続けた画材を描くつもりはなかったそうですが、ある時何千年の月日を生き抜いてきた古木の幹に触れ、それ以来桜を描き始めたそうです。「桜の肖像画」を残すため、毎年春になると桜の古木を求めて全国各地にデッサンに出掛けます。（宮下真美【おぶせミュージアム・中島千波館】）

30

エドヴァルド・ムンク（1863-1944）　ノルウェー
「叫び」
1893｜91.0×73.5cm｜油彩、キャンヴァス
オスロ国立美術館［ノルウェー］蔵

画像提供：ユニフォトプレス

エドヴァルド・ムンクの代名詞である「叫び」は、いろいろなもののモチーフになったり、パロディ化されたりしていて、広く知られています。幼い頃に母親を亡くし、思春期に姉の死を迎えるなど、病気や死の不安をいつも抱える中、「生命のフリーズ」として描かれた作品の中の1点で、「叫び」という題名の作品は、5点以上描かれたようですが、ノルウェーのオスロ国立美術館にあるこの作品が最も有名です。ムンクはこの絵の根底にある彼自身の体験を、「ある夕暮れ、2人の友人と道を歩いていた。一方に町が横たわり、フィヨルドが私の前にあった。私は疲れ果て気分が悪かった。私は立ち止まり、フィヨルドを見回した。日が山に入り、雲が赤く染まった、血のように。私は自然を貫く、けたたましい、果てしない叫びを聞く思いがした。私は、雲を血のように描いた。色彩が叫び声を上げた」と書いています。題名を「ムンクの叫び」だと思う人が多く、画面の人物が何か叫んでいるように見えるので誤解が生じやすいのですが、実際は、ムンクが突然の幻聴に襲われ、懸命に不安と闘っている様子が描かれています。（JAMM研究会）

野々村仁清（生没年不詳）

「色絵雌雉香炉」

江戸時代｜高さ22.2cm｜京焼

石川県立美術館［石川県］蔵　重要文化財

江戸初期、京都では色絵陶器と呼ばれる新しい焼き物がつくられるようになりました。色絵とは釉薬を掛けて焼き上げた陶磁器の表面に、焼き物用の絵の具で文様を描いて焼いた焼き物のことです。実用品だった焼き物は、江戸時代に入って陶器をつくる技術が進歩したことで色鮮やかで美しく、眺めても楽しめるものへと変化していったのです。この色絵陶器で有名な陶工がこの作品の作者、野々村仁清です。仁清は丹波の国（現在の京都府美山町）の出身で瀬戸や信楽で修行をし、京都北西部の仁和寺の門前で窯を開き活躍しました。この作品は、ほぼ等身大の雉が尾を高くはね上げ、振り返って毛づくろいしている姿の香炉で、銀彩の濃淡でどちらかと言えば渋い色調の絵付けで焼き上げられています。この作品はその姿から雌の雉とされ、そしてこの作品と大きさもほぼ等しく、色絵の技法も同じであることから同時期につくられたであろう雄の雉の香炉として広く知られている作品もあります。仁清はろくろの名手と言われていますが、彫塑的な作品にも優れ、この二つの雉香炉はその中の代表作です。香炉とは、香をたいてよい香りを楽しむための器です。この雉の形をした香炉も上下二つに分かれ、中に香を入れてたくと雉の背中にあけられた穴から煙が出て、香りを楽しめるようになっています。（深山千尋）

ピエール＝オーギュスト・ルノワール（1841-1919）

「すわるジョルジェット・シャルパンティエ嬢」

1876｜97.8×70.8cm｜油彩、キャンヴァス

石橋財団ブリヂストン美術館［東京都］蔵

描かれているのは、4歳の少女ジョルジェット。父ジョルジュ・シャルパンティエは、パリで出版業を営んでおり、母マルグリットは自宅に文学者や外交官、女優などを招いて夜会を開くような人物でした。1876年、その作品を見てピエール＝オーギュスト・ルノワールを気に入ったジョルジュは、長女の肖像画を彼に発注します。まだ社会的に知られていなかった30代半ばのルノワールにとっては、思ってもみなかった突然の僥倖だったでしょう。夫妻に喜ばれるかどうかというテストを受けるような意気込みで、画家はシャルパンティエ家に通い、ジョルジェットを描きました。4歳の少女にとって、じっと絵のモデルをこなすのは大変なことだったはずですが、かすかにほほえみをたたえた表情には、そんな苦痛は見られません。トーンを落とした背景に、トップモードの子ども服に身を包んだジョルジェットが浮かび上がっています。青いドレスに青い靴下がコーディネイトされ、大人用の椅子に足を組んで寛いで座る少女の様子は生き生きとして見えます。テストは見事合格でした。以後、ルノワールは数年のうちにシャルパンティエ大妻から複数の肖像画の注文を受け、計6点が次々に描かれることになりました。（貝塚 健）

南 薫造（1883-1950）

「曝書」

1946｜65.1×80.3cm｜油彩、キャンヴァス

広島県立美術館［広島県］蔵

戦況が厳しさを増した終戦前年、作者は長年住み慣れた東京から、郷里の広島県呉市に疎開しました。以後の生涯をこの地で過ごし、身近な自然や人々の生活を題材にした作品を残しています。この絵は、書物の虫干しをする夏の1日を描いています。日本家屋の特性を活かし、建具を開け放して光や風を呼び込んだ室内では、座敷や縁側のあちらこちらに沢山の蔵書が広げられています。視界を遮るものの少ない見通しのよい画面の中で、見る者の視線は、近景の室内から、まぶしい陽光が降り注ぐ遠景の庭へと自然に導かれていきます。やや日の陰った室内との対比で、鮮やかさが強調される草木の緑や、庭先の輝くような日射しを端的に表す描写は、光のもたらす色彩の変化を見つめ、「日本の印象派」と呼ばれた作者の特色をよく表していると言ってよいでしょう。豊かに生い茂る樹木は、生き物の力強い生命力を伝え、思い思いの自然な佇まいで書物を眺める子どもたちは、ゆるやかな時間の流れと和やかさを感じさせます。何気ない日々の暮らしを温かく描き出したこの絵には、困難な時代の後にようやく取り戻した、穏やかで命の輝きに満ちた日常を慈しむ作者の気持ちが込められているようです。（藤崎 綾【広島県立美術館】）

34

俵屋宗達（生年不詳-1640頃）

「白象図」

1621頃｜181.0×125.0cm｜杉戸着色

養源院［京都府］蔵　重要文化財

俵屋宗達は、尾形光琳と並び称される近世初期の大画家ですが、その伝記には不明な点が多く、生没年さえ明確にはわかっていません。おそらく京都で「俵屋」という絵画工房を営み、扇絵や屏風絵など、紙製品の装飾をしていたと考えられています。養源院は1594年、豊臣秀吉の側室・淀殿が、父・浅井長政の菩提のために創建し、一度は焼失しましたが、1621年に淀殿の妹で2代将軍徳川秀忠の夫人・崇源院の願いにより再建されました。ここには、宗達とその弟子たちの制作になる襖絵12面、杉戸絵8面が残されており、狩野派、長谷川派などと比べ、寺院などの装飾の注文を受けることが少なかった宗達にとっては珍しいとされています。象は、釈迦の脇侍である普賢菩薩の乗る霊獣として描かれることが多くあります。単純化された線と形と色の「白象図」2面のほかに、麒麟、唐獅子などの板絵も奉納されており、いずれも対象を画面に大きく描くことで、ゆったりとした余裕や重量を感じさせます。宗達の画風は、これ以降飛躍的な展開を見せ、「風神雷神図屏風」のような傑作を生み出しました。（JAMM研究会）

35

曾我蕭白（1730-1781）

「獅子虎図屏風」［二曲一双］

1762-63｜各154.3×156.6cm｜紙本墨画

千葉市美術館［千葉県］蔵

向かって右側（右隻）には唐獅子と牡丹が、左側（左隻）には虎と竹が描かれています。「牡丹に唐獅子、竹に虎」は、古来より伝統的な組合せとして表現されてきました。水墨で描かれたこの作品の筆致は太く勢いがあり、2頭は今にも動き出しそうです。獅子は口を開いた阿形、虎は口を閉じた吽形で、互いに対峙している構図が、画面に緊張感をもたらしています。虎の尾や竹のしなり具合から、強い風が吹いている様子が感じられるでしょう。爪をむき出しにした虎の表情は、恐ろしく見えるでしょうか。右隻では、獅子が岩にしがみ付く様子が描かれていますが、百獣の王であるにもかかわらず、牡丹に戯れる蝶におびえるかのようであり、どことなくユーモラスな感じがします。作者の曾我蕭白は、京都の商家に生まれましたが、父を早くに亡くし画業で身を立てました。中国絵画を中心に様々な画風を取り入れ、優れた技量と教養に支えられた奇怪とも言える作品で知られています。この作品は、まだ若い30歳頃のものと言われています。京都を中心に活動しましたが、伊勢地方（現在の三重県）に二度滞在し、今もその地に多くの作品が残っています。（山根佳奈）

36

フィンセント・ファン・ゴッホ（1853-1890）　オランダ

「ひまわり」

1888｜100.5×76.5cm｜油彩、キャンヴァス

東郷青児記念 損保ジャパン日本興亜美術館［東京都］蔵

フィンセント・ファン・ゴッホはオランダに生まれ、主にフランスで活躍した画家です。1888年、フランスのパリにいたゴッホは、明るい光を求めて南フランスのアルルに向かいました。この「ひまわり」はゴッホがアルルにいた時に描いた、7点の「ひまわり」のうちの1点です。ゴッホは仲のよかった画家たち、特に尊敬するポール・ゴーギャン（1848-1903）と一緒にアルルで生活し、意見を交わしながら、ともに絵を描きたいと考えていました。ゴッホの「ひまわり」の絵は、やがてアルルにやって来るゴーギャンの部屋を飾るために描かれたもので、初めは黄色いひまわりの花を引き立てる青い背景を使った「ひまわり」の絵が、そして本作のように、背景も花と同じ黄色を使った「ひまわり」の絵が描かれました。ヨーロッパではひまわりの花には「信仰」や「忠誠」、「友情」といった意味があります。ゴッホはゴーギャンに対する「友情」の証として、「ひまわり」というテーマを選んだのかもしれません。（小林晶子【東郷青児記念 損保ジャパン日本興亜美術館】）

37

高橋由一（1828-1894）

「山形市街図」

1881-82 ｜ 105.0×151.0cm ｜ 油彩、キャンヴァス

文翔館［山形県］蔵

作者の高橋由一は、日本で最初の洋画家の1人です。初めは日本に絵の具や道具がなかったので、自分でつくるところから始め、苦心して油絵を学びました。「鮭」（1877頃）、「花魁」（1872）が特に有名です。由一は油絵の普及にも熱心で、画塾「天絵楼」を開いたり積極的に展覧会を催したりしました。油絵を初めて見た人々は、それまでの日本の絵画に比べて細部や質感まで本物そっくりに描かれていることに大変驚きました。そうした中、三島通庸という役人が油絵の迫真的な写実に注目して、自分が指揮した山形県の開発を記録する絵を由一に描かせました。この作品はその代表的なもので、山形市の中心街の風景です。大通りの一番奥、画面のほぼ中心に山形市の近代都市化の出発点となった山形県庁の建物があり、道の右側には県警察本署と師範学校、左側には山形警察署などが並んでいます。櫓に上って撮られた写真を基にして描いたため、通常の人の目の高さで見ると隠れてしまうような遠くの建物も見渡せます。大通りを行き来する人々は、洋装・和装が交じっており、近代への過渡期であることがうかがえます。（荒木 和）

38

伊藤若冲（1716-1800）

「諸魚図」（「動植綵絵」より）

1765-66頃 ｜ 142.6×79.4cm ｜ 絹本着色

宮内庁三の丸尚蔵館［東京都］蔵

伊藤若冲は京都錦小路の青物問屋が生家で、23歳で家業を継ぎます。錦小路は、現在でも、野菜、鮮魚などの小売店が軒を並べており、錦市場と呼ばれています。生家は裕福であったため生活に困らず、家業は弟に任せ、若冲は絵ばかり描いていました。若冲が生前につくった墓の碑文には、「自分は狩野派の画法を学んだが、しょせん狩野派を超えることはできない。また、その源泉の宋元画を学んだが、それとても直接のものを描いていない。クジャクやオウムは、飼ってスケッチすることは難しく、鶏を描くのが一番手っ取り早く、やむなく自分は身近な動植物の類ばかりを描くことになった」という内容が記され、若冲の絵に鶏が最も多く描かれた理由がわかります（参考書籍：『週刊朝日百科・世界の美術129』朝日新聞社刊）。鳥、鳳凰、草花、魚介類などが、様々な色彩と形で登場する「動植綵絵」は、30幅からなる日本画で、当時最高品質の画絹や絵の具を使って制作され、相国寺に寄進されました。「諸魚図」とよく似た構図で、「群魚図」と呼ばれるタイを中心にしたものもあります。1889年に、相国寺から明治天皇に献納されました。画面には、アカヤガラ、カツオ、サバ、イトヨリダイ、アジ、ホウボウ、アンコウ、アマダイ、サヨリ、ブリ（ヒラマサ）、ハッカクなどが描かれており、錦市場で見た魚たちを基にしたと言われています。（JAMM研究会）

39

ヨハネス・フェルメール（1632-1675） オランダ

「デルフトの眺望」

1660-61頃 ｜ 96.5×115.7cm ｜ 油彩、キャンヴァス

マウリッツハイス美術館［オランダ］蔵

画像提供：ユニフォトプレス

オランダ南部のデルフトという都市の風景を描いた作品です。画面の上半分を空が占めています。上の方には厚い灰色の雲がありますが、下に行くにつれて雲は白くなり薄日が差しています。下半分は、水面とその両岸の風景です。デルフト市内には運河が張り巡らされていることから、運河と思われます。水面には向こう岸の建物の影が映り、わずかに波打っています。向こう岸には手前の岸より大きな船が何隻も停泊し、その奥にはレンガ造りの建物が並んでいます。中央では岸辺の建物より遠くにある建物が明るく描かれています。手前の岸の左側には舟と4人の人物、その少し右にも2人の人物が立っています。作者のヨハネス・フェルメールは、17世紀に活躍したデルフト出身の画家です。レンブラント・ファン・レインを始めとした同時代のほかの大画家のように工房を経営して何枚も大作を描くことはせず、小品を主に手掛けていました。しかし、綿密な構成や繊細な光の表現が高く評価されてきました。フェルメールは、人物画や人々の生活の一場面を描いた風俗画の名手として知られ、現存している作品30数点のうち、風景画はこの作品を含めて2点しか残っていません。（荒木 和）

ジョルジュ・スーラ（1859-1891）　フランス

「グランド・ジャット島の日曜日の午後のための習作」

1885 ｜ 15.7 × 25.0cm ｜ 油彩、キャンヴァス

画像提供：ユニフォトプレス

「グランド・ジャット島」とは、パリ北西のセーヌ川の中洲にある島です。パリに近いグランド・ジャット島は人々が集まり、散歩や舟遊びをした場所でした。この絵はフランスの画家ジョルジュ・スーラが、グランド・ジャット島で休日を楽しむ人々の様子を描いた「グランド・ジャット島の日曜日の午後」（1884-86）のための習作の一つです。「習作」とは、一つの絵を完成させるための練習として描く絵のことです。スーラは「グランド・ジャット島の日曜日の午後」を描くために、風景だけの、あるいは人物に焦点を当てた習作をたくさん描き、2年間という長い時間をかけて1枚の絵を完成させました。1886年に発表された「グランド・ジャット島の日曜日の午後」は、大きな反響を呼びました。それは「点描法」と呼ばれる、新しい方法で描かれていたからです。点描法とは、当時最も進んでいた、色や光に関する科学的な研究成果を取り入れた描き方のことで、小さな点を並べることで混じりけのない自然の光と色を表現しようとしたものです。点描法を使った画家たちは「新印象派」と呼ばれ、スーラはこの新印象派の代表的な画家とされています。（小林晶子【東郷青児記念 損保ジャパン日本興亜美術館】）

「アテネのアクロポリス」

紀元前5世紀 ｜ ギリシャ
世界遺産

画像提供：ユニフォトプレス蔵

古代ギリシャを代表する都市国家アテネの中心アクロポリスの丘には、パルテノン神殿を始め、6体の婦人像のあるエレクティオン神殿など、貴重な遺跡が残されています。この建物は紀元前5世紀に建てられたパルテノン神殿で、重厚なドーリア式建築の最高傑作と言われています。この神殿の列柱が立つ基壇と呼ばれる土台は幅31m、奥行きは70mあります。その正面と後ろに8本ずつ、側面に17本ずつ柱が立っており、各柱は白大理石でつくられ、高さは10m、下部の直径は約2mもあります。この神殿はアテネの町の守護神アテナを祀るためにつくられたとされており、彫刻家フェイディアスが総監督・設計を務めました。一見真っすぐである建物の柱や基壇は、ほとんど目でわからない程度に曲線を描いています。これは目の錯覚で直線だと少しゆがんで見えることを意識し、完全に見えるようにわざと曲線を用いたのではないかとも言われています。また、アクロポリスの建物には、最も美しい比率である黄金比に基づいて建設されたと思われる箇所が複数あるとされ、現在も調査・研究が進められています。（編集部【情報提供：ユネスコ】）

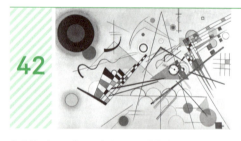

ヴァシリー・カンディンスキー（1866-1944）　ロシア

「コンポジションⅧ」

1923 ｜ 140.0 × 201.0cm ｜ 油彩、キャンヴァス
グッゲンハイム美術館［アメリカ］蔵

画像提供：ユニフォトプレス

点や線、丸・三角・四角といった幾何学図形が絶妙なバランスで構成され、リズムがつくりだされています。ヴァシリー・カンディンスキーはモスクワに生まれ、法律と経済学を学びました。30歳の時、モスクワで開催されたフランス美術展で鑑賞したクロード・モネの「積みわら」に衝撃を受け、法律家としての職を捨てて画家を志しました。ピエト・モンドリアンやパウル・クレーとともに抽象絵画の創始者と言われています。カンディンスキーは具象的に何かを再現する絵画とは違い、純粋な音の連鎖だけで人を感動させる純粋芸術としての音楽に関心をもち、抽象絵画を描き始めました。「コンポジション」シリーズの一つであるこの作品は、ドイツのワイマールに設立された総合芸術学校バウハウスで教鞭を執っていた頃に描かれました。当初の表現主義的な激しい筆致や強い色彩を使用した作品から、より洗練された形態、構成的な画面へと変化しています。この作品は、多様な要素が互いに調和し、まるで一つの音楽を奏でているかのようです。（白濱恵里子【森美術館】）

43 「石窟庵と仏国寺」
750頃｜韓国
世界遺産

画像提供：ユニフォトプレス

石窟庵と仏国寺は、8世紀半ばの新羅王朝の時代、宰相によってつくられた、新羅の仏教芸術を代表する寺院です。日本では奈良東大寺の大仏が建立されていた時期とほぼ同時代に当たります。石窟庵は花崗岩と呼ばれる白い岩を彫って組み上げる石造構造でつくられ、上から見ると手前に前室、後ろに円形の主室がある「前方後円型」になっていて、前室はこの世である「地界」を表し、主室は「仏の世界」を表しています。この作品は石窟庵の主室に置かれた、石造如来坐像です。主室の壁面には如来坐像を囲むようにして十一面観音、帝釈天、十大弟子など15体の仏像が彫られています。さらにドーム形の天井近くには左右に石を彫り抜いた龕室と呼ばれる小さな部屋があり、10体の菩薩像が安置されています。この石窟庵と対である仏国寺は1970年代に再建されたものであり、仏教浄土を表すとされる伽藍配置になっています。境内にはほかにも白雲橋、青雲橋、多宝塔、釈迦塔などの石造物が多くあります。（編集部【情報提供：ユネスコ】）

44 歌川広重（1797-1858）
「東海道五拾三次之内 庄野」
江戸時代｜25.2×37.4cm｜大判錦絵
東京国立博物館［東京都］蔵
Image:TNM Image Archives

この作品は、江戸から京都までの東海道の53の宿場に、出発点の江戸日本橋と到着点の京都三条大橋の図を加えた55枚で構成された風景版画シリーズの中の1枚です。庄野は、現在の三重県鈴鹿市にあった小さな宿場町の名前です。絵の中の赤い瓢箪に「白雨」という文字が見え、夕立をテーマとして描かれたことがわかります。白雨とは、雨の滴が白く見えるほどの強い夕立のことです。この絵では、画面の上部に墨を一文字にぼかして摺り、黒雲を暗示しています。雨は薄墨の線で描かれていますが、その線は傾き、刷毛で刷いたように密度を変えることで、激しさを表現しています。突然の風に笠を押さえて先を急ぐ人、急坂を登る駕籠かき、顔を見せない旅人の動きが、先を急ぐ気持ちを見る者にも感じさせます。手前を暗く遠くを明るくすることで、急に降り出したにわか雨であることが感じられ、空間の広さもつくりだされています。歌川広重は、風景画を描く際に写生も行っていますが、現実そのままの地形を再現するのではなく、自然現象を観察して詩的な情趣を加えた作品をつくりました。浮世絵版画らしい陰影表現のない平面的色彩表現がなされていますが、旅の途中で実際に見た、あるいは体験したような気分を呼び起こします。（田沢裕賀【東京国立博物館】）

45 サンドロ・ボッティチェリ（1444/45-1510） イタリア
「春（プリマヴェーラ）」
1477-82頃｜203.0×314.0cm｜テンペラ、板
ウフィッツィ美術館［イタリア］蔵

画像提供：ユニフォトプレス

イタリア語で春を意味する「プリマヴェーラ」と題されたこの作品は、別名「ヴィーナスの王国」とも呼ばれています。ここに描かれているのは、古代ギリシャ・ローマの神話に登場する神々ですが、絵の解釈には諸説あり、謎の多い作品です。ある説によれば、画面向かって右端から、春の到来を告げる西風の神ゼフュロスが春風を吹きながら大地の妖精クロリスを追いかけています。ゼフュロスがクロリスに触れた瞬間、クロリスの口からは草花がこぼれ落ち、彼女は春と豊穣を司る女神フローラに変身します。フローラはあふれる薔薇を大地にふりまいています。画面中央に佇むのは、愛と豊穣の女神ヴィーナス。右手の身振りは歓迎の意を表しています。その頭上には目隠しをしたキューピッドが弓矢を構えており、矢の向けられた先には、薄い衣をなびかせながら手を取り合って舞う三美神がいます。三美神はヴィーナスに付き添うだけでなく、古代では喜びを与える女神であり、春における植物の芽生えの力を象徴するものでもありました。その横には神々の伝令役メルクリウスが杖で樹間に漂う靄のような雲を追い払っています。月桂樹が生い茂りオレンジが実る森の大地は、絨毯を敷きつめたように春の草花で覆われています。咲きほこる色とりどりの花は500を数え、それぞれが特定できるほど精緻に描かれています。（藤田百合【女子美術大学非常勤講師】）

46

「鳥獣人物戯画巻」［甲巻部分］伝 鳥羽僧正
平安時代｜【巻子装　4巻】（甲巻）30.4×1,148.6cm
紙本墨画
高山寺［京都府］蔵　国宝

800年以上昔に墨の線だけで描かれた絵巻物です。4巻あって、様々な動物たち（鳥獣）や人物の、いろいろな様子が描かれています。「戯画」はおどけて描いた絵、ユーモラスな絵、といった意味。この絵巻は漫画やアニメーションの原点とも言われます。作者は鳥羽僧正覚猷という偉いお坊さんと伝えられてきましたが、必ずしもはっきりしません。じつは4巻の間でも少しずつ描き方に違いがあり、初めからセットだったわけではなさそうです。何よりもまずは絵を見て楽しんでください。4巻のうち、もっとも有名な巻（甲巻）では、いろいろな動物たちが、水遊び、弓当て、相撲などをして、人間のように振るまっています。生き生きとしたにぎやかな声まで聞こえてきそうで、思わずほほえみたくなるでしょう。それはこの絵が簡単なようで実に上手に描かれているからです。一つひとつの動物のバランスのいい「かたち」と、表情のとらえ方がとてもうまいですね。次にそれを描き出す線を目でゆっくりたどってみてください。さっと描いていますが、とても気持ちのよい線です。この絵が表す「軽やかな楽しさ」は、日本美術の大切な特徴の一つです。（小林達朗）

47

雪舟等楊（1420-1506頃）

「秋冬山水図冬景図」［二幅のうち一幅］
室町時代｜47.8×30.2cm｜紙本墨画
東京国立博物館［東京都］蔵　国宝
Image:TNM Image Archives

この絵を描いた雪舟等楊は、今からおよそ500年前の人です。岡山県に生まれた雪舟は、12、3歳の頃、寺で修行を怠けて柱に縛り付けられました。雪舟は、足の指を使って、床に落とした涙で鼠を描き、これを見た師は感心して絵を描くことを許したという逸話が残っています。その後、雪舟は京都の相国寺という禅寺で修行し、僧でありながら水墨画を得意とする画家として活躍しました。山水画は、山や川、樹木などが広がる空間を描くものです。山水画の空間は、絵の下の方から上へと順に岩や木、道などをたどるとよくわかります。冬景の図を見てみましょう。まず右下隅の船着き場から左上に道が延び、画面左端で折り返し、右上へと続いています。道は岩に隠れて見えなくなりますが、その方向に視線を動かしていくと、とても大きな崖に突き当たります。このように雪舟は、ジグザグに視線を誘導し、奥行きのある広い空間をつくりだしています。また、道行く人に比べて非常に大きい崖を見ると、この小さな絵の中に、広大な自然を感じ取ることができ、家にいながらにして旅をした気分になります。（救仁郷秀明【東京国立博物館】）

48

中島晴美（1950-）

「苦闘する形態 V-1」
1995｜高さ94.4×幅74.5×奥行67.0cm｜陶
東京国立近代美術館工芸館［東京都］蔵
Photo:MOMAT/DNPartcom

この作品は、手びねりで形をつくり、白い化粧土、透明釉、そして最後にイングレーズという技法で水玉の模様を転写し、計4回もの焼成を行って仕上げられた陶器です。一般的な上絵付け（釉薬を掛けた後に装飾を施す技法）では、模様は陶肌の表面に浮いた状態になります。イングレーズも釉薬の上に装飾しますが、呉須を含んだ釉でつくった青い円は焼成するうちに透明釉の中に沈み、曲面と一体となって動きを強調する効果を生みます。さらに、転写に使うシートは貼った後でも濡らせば動かせるため、釉薬を掛ける前の素地に水玉を描いていたのではできないような細かく頻繁な修正を可能にしています。また、あらかじめスケッチやエスキース（試作品）で「再現するための形」を用意しない中島晴美の制作は、言葉によるイメージ――「悶えるようにウニウニとねじれながら登っていく感じ」「地をヌタヌタと這いつくばっていく感じ」「ポヨンポヨンと揺れながら闇に向かっていく感じ」など――を基にします。手びねりの、少しずつ土を立ち上げる過程でこのイメージを変化させ膨らませ、土という素材に耳を傾けながら「人間の苦闘する内面」を形に置き換えたものなのです。（稗田竜子）

Part.3

ここでも使える！
場面別
活用のヒント

アートカードは、家庭・保育園・学校など、
様々な場面で活用することができます。
ここでは、使いたい場面・場所に合わせた活用のヒントを紹介します。

保育園・幼稚園（こども園）で使う

　この年齢では、まず、いろいろなカードの作品を見る楽しさを味わうことが大切です。

　場所は、カーペットをしいた床などがよく、そのまわりを子どもが楽な姿勢でとりかこむように座ります。10人くらいまでは、1セットのカードがあれば足ります。すべてのカードを使わずにテーマ（風景画、人物など）に限定して使うこともあります。10人以上の場合は、いくつかのグループをつくり、各グループに保育者がつくようにしてください。

　特に得点を競うようなルールを定める必要はなく、カードを媒介にしたコミュニケーションをうながすような形で進めていきましょう。

かかわりのポイント

最初は、並べたカードをそれぞれの子どもが手にとって自由に見られる時間をとります。一人であれこれ手にとって見たり、子ども同士で感想を話し合ったりするようであれば、共感やはげましの言葉をかけます。もし、子どもが、迷っていたり、手持ちぶさたにしたりしていたら、誘いの言葉をかけましょう。

すべてのカードを使って……

- 「いちばん、おいしそうなものはどれかな？」
- 「ほんとうにカードをかじってはいけません。見ただけで〈おいしそうなもの〉はありますか？」
- 「いちばん、かっこいいのはどれ？」、「どこがかっこいい？」

風景画（No.14、17、20、21、22、37、39、40、47など）をあらかじめ選んでおいて……

- 「いってみたいのは、どこ？」
- 〈No.21〉を手にとって、「このお山の名前は知ってるかな？」（富士山！）
「そう、富士山だよね」「あっ、もう一つ富士山見つけた」「誰か見つけた？」
→〈No.22〉の富士山に注目させる。

からだで表しやすい姿勢や、動きのある人物などの作品（No.1、6、8、25、26、30、32など）をあらかじめ選んでおいて……

- ジェスチャーゲーム

「このなかのどれかのポーズをまねしてみたい人は？」……
「はい、○○ちゃん。どれをまねするか、先生にだけ、そっと教えてね」……
「はい、○○ちゃん、お願いします」……
「みんな、わかったかな？」

小学校で使う① 低学年 指導案事例

1. 題材名「**テレビに出たら**」（p.11「役者になってみたい人へ」の応用）
2. 目標と評価
    - 作品の形や色のイメージを自分の身体感覚や活動を通してとらえて演技（パフォーマンス）で伝えることを楽しんでいる。（関心・意欲・態度）
    - 友人の演技から、それぞれの作品の見方や感じ方に共感し理解する。（鑑賞の能力）
3. 指導計画　1時間
4. 準備
    教師：段ボールでつくったテレビ枠、またはモニターテレビとデジタルカメラ。アートカード（各グループに1セット）
    　　　学習記録用紙など
    児童：筆記具
5. 授業展開の例

	児童の学習活動	指導のポイント
であい	○グループ別に机を合わせて座る。 ○アートカードの表を向けて机に並べて、どんな作品があるか確かめる。 ○グループ内の他の子どもに気づかれないように各自、ポーズをつける作品を選び、セリフを考える。	□クラスを5～6人のグループに分けて着席させる。 □アートカードを各グループに1セット配り、自由に見る時間を与える。 □カードの中の人物や動物、物になって、そのポーズをとって、テレビの役者のようにセリフを言うゲームをすることを告げる。 ◇最初は、教師が1枚のカードを選んでポーズをして見せてもよい。
ひろがり	○互いにグループ内で演技を発表し合う。 ○机の上に並べたカードを見ながら、その演技のカードがどれかに気づいた子どもが自由に発言する。 ○グループで話し合って代表選手を決める。時間があれば、グループで新しいネタ（演技）を考えてもよい。 ○グループごとに演技を確定する。 ○グループ代表選手が前に出て、教壇など高いところで、テレビ枠の中に入って演技をする。 ◇デジカメで撮影する場合は、カメラに向かって演技をする。 ○代表選手が出ていない他のグループは、それがどの作品かを話し合って決め、教師の合図で一斉にそのカードを挙げる。 ○作品を当てたグループは1ポイント獲得する。 ○カードをまとめて、机をもとの並べ方にもどす。	□まずは15分くらいで、各グループ全員が演技を終えるように指示する。 □できるだけ動作を大きく、声もはっきりと発音するようにうながす。 □グループ内では特にお手つきなどなく自由に発言してもよいことを伝える。 □全員が終わったら、グループで代表1人を選ばせる。作品によっては、登場人物が複数いれば複数人で出演してもよいことを確認させる。 □各グループ、演技は30秒以内にすることを告げる。 □演技をするグループ以外は、その演技がどの作品（カード番号）かを話し合って決めることを告げる。 □必要に応じて座席を移動してもよいと告げる。 ◇モニターテレビに接続したデジカメで演技を撮影し実際にテレビ画面で見せてもよい。逆光にならないようにする。 □演技の後、グループで話し合い、教師の合図で一斉に該当のカードを挙げるよう指示する。 □教師が確認するまでカードを挙げているように指示する。 □教師は、グループ別得点を板書する。 □カードを元の場所に戻させる。
まとめ	○グループ別得点を知る。 ○どのグループの演技が面白かったかなど互いに感想を発表する。 ○学習記録をつけて、提出する。	□グループ別得点を発表する。 □グループ内の発表に関しても、がんばった子や演技がうまかった子などについても発言をうながす。 □学習記録には、もっとやってみたいか、誰の、どこが、なぜ、面白かったかなどという項目を設定して評価の資料とする。

＊デジカメで撮影する場合は、動画モードで撮影して記録として保存し評価の資料としてもよい。
＊段ボールでテレビの枠をつくる場合、子どもの身長に合わせて、高さを調整する。

小学校で使う② 中・高学年 学習指導案事例

1. 題材名 「**アート・デ・カルタ**」(▶p.16)
2. 目標と評価
   - 色や形による表現の美術作品と言葉による表現とのイメージのつながりを楽しむ。（関心・意欲・態度）
   - 同じ作品から受ける印象やイメージも、自分のものとは異なる感じ方や見方があることに気づき、鑑賞の多様性と広がりを実感する。（鑑賞の能力）
3. 指導計画　1時間（＊「言語活動」として国語の時間を合わせて実施してもよい）
4. 準備
   教師：アートカード（各グループに1セット）、読み札用の用紙、学習記録用紙など
   児童：筆記用具
5. 授業展開の例

	児童の学習活動	指導のポイント
であい	○グループ別に机を合わせて座る。 ○アートカードの表を向けて机に並べて、どんな作品があるか確かめる。 ○カルタ遊びのことを思い出す。	□クラスを5〜6人のグループに分けて着席させる。グループにはA班とか1班など番号をつける。 □アートカードを各グループに1セット配り、自由に見る時間を与える。 □カルタには、読み札と絵札のあることを思い出させる。
ひろがり	○各自、自分の好きなカードを1点選ぶ。 ○文字札作成の注意点を確認して、選んだ作品に合わせて読み札をつくる。 ○グループ内で選ぶ作品が重複してもよいが、読み札の文はそれぞれが考える。 ○読み札を作成し終えたら、グループ順に各自が作成した読み札を大きな声で読み上げる。 ○読み上げた子どもが属するグループ以外のグループは話し合いでどの絵札（作品カード）かを決める。 ○教師の指示によって一斉に絵札を挙げる。 ○読み上げた本人が正解（カード番号）を言う。 ○正解したグループは教師が確認するまで絵札を挙げている。	□文字札用紙を配布して、1点の作品を選び、その読み札を自分で考えるように伝える。 □大型図版、または教科書掲載作品を使って文字札作成上の事例とそのポイントを示す。 ・作品の「説明」ではなく全体の雰囲気とか色や形から受けたイメージを文章にするように指示する。 ・No.12の「風神」なら、「ビュービュー」とか「ふーっ、息が苦しい！」など擬音語、セリフでもよい。 □文字札を書いた子どもが読み上げ、そのグループ以外のグループが、絵札を当てて得点を競うというルールを説明する。 □教師は司会役になり、読み上げの順番や絵札を挙げるタイミングを指示する。 □得点は、文字札に合った絵札を挙げたグループが1点を得る。間違えた場合は得点なし。 □話し合いの時間は、最大1分以内にする。様子を見て調整しないと、全員分読む時間がなくなることもある。 □教師は、正解したグループ別の得点を「正」の字で黒板に書き出す。
まとめ	○ゲームの得点を知る。 ○絵札と読み札の組み合わせで印象に残った例やはじめはわからなかったがカードの作品を見て納得できた例などを発表し合う。 ○学習記録をつけて、提出する。	□得点を確認する。 □言葉と絵に共通するイメージを気づかせ、感じたことを語る言語活動への興味ももたせる。 □学習記録には、特に印象に残った事例、絵札と読み札の関係から気づいたことなどの項目を設定して評価の資料とする。

＊1クラスが36人以上になるときは、全員が読み札を読む時間がとれなくなる恐れもあるので、国語の時間などで事前にカードを見せて読み札をつくらせ回収し、図工の授業で教師が読み上げてもよい。

中学校　指導案事例

1. 題材名「**アートゲームを楽しもう**」
2. 目標と評価
   - 多様な美術作品に触れることで、美術作品を見ることに関心をもち意欲的に鑑賞しようとする。
     （関心・意欲・態度）
   - 自分の経験を言葉にしたり、他の人の感じ方や見方を理解したり共感的に聴くことで、作品の多様な見方、感じ方があることを理解する。（鑑賞の能力）
3. 指導計画（全2時間）
   - アートゲームをしよう（「ペア見つけ」+「アート・デ・ハイク」）……1時間
   - 新しいアートゲームを考えよう……………………………………1時間
4. 準備
   教師：アートカード（各グループに1セット）、作品解説のコピー、短冊用紙、ワークシートなど
   生徒：筆記用具（あれば筆ペン）など
5. 学習活動の流れ

	生徒の学習活動	指導のポイント
1時間目	○グループ別になって着席し、アートカードを並べて見る。 ○新しいゲームを考えることを意識しながら、「ペア見つけ」（▶p.12）、「アート・デ・ハイク」（▶p.17）をする。 ○各グループ内で作品のイメージを5-7-5の俳句の形にして、紙に書き付け、吟じるように読み上げる。 ○作品分析の視点、気に入った俳句、他の生徒の発言について、ワークシートなどに記入する。 【次時への宿題】 ○新しいゲームを考える。	□クラスを5～6人のグループに分けて着席させ、カードを配る。 □次回、新しいゲームを考えることを告げ、活動に見通しをもたせる。 □カード全体を見ることで美術の広がりや多様性に気づくようにする。 □「ペア見つけ」では、作品分析にはいろいろな視点があることを実感できるようにする。 □「アート・デ・ハイク」では作品のイメージを俳句（言葉）で表すことで、イメージとしての共通性に気づくようにする。 【言語活動の充実】 □俳句でも季語などにこだわらず五・七・五の形になればよいことを伝える。 □各自、新しいゲームを考えてくる宿題を出す。
2時間目	○グループ内で、自分のアイデアを出しながら、どんなゲームができるかを話し合う。 ○考えたゲームを試しながら修正していく。 （必要に応じて、掲示された作品解説を読む） ○それぞれ考えたゲームをグループごとに発表し、他のグループのゲームについて意見交換を行う。 ○各グループでゲームのルールをまとめたレポートを作成する。 ○グループ内で、アートゲームを経験したことによって美術作品への見方や考え方が変わったかどうか話し合う。 ○話し合いで出た意見を参考にして、各自ワークシートなどにまとめる。	□グループで協力して新しいゲームを考え、実際に試しながらルールの不備を修正していくよう伝える。 □作品解説のコピーを黒板に掲示し、必要があればチェックするよう伝える。 □発表したゲームについて、他のグループの意見も参考にしてレポートをまとめるよう伝える。 □発表内容について、グループ内で自由に話し合うようにする。 【ワークシート項目例】 ・アートゲームを経験したことで、美術作品の感じ方や見方が変わったか ・友人のコメントで印象に残った言葉はあるか　など

学校の先生へ 鑑賞教育としてのアートゲームにおける目標と評価

　学習指導要領（平成29年3月告示）では、図画工作科の「教科目標（2）」に「造形的なよさや美しさ、表したいこと、表し方などについて考え、創造的に発想や構想をしたり、作品などに対する自分の見方や感じ方を深めたりすることができるようにする」と示されています。中学校美術科の学習指導要領でも、形や色、材料などの性質やそれらが感情にもたらす効果や作品を全体のイメージや作風などをとらえることを理解するよう求められています。小中とも〔共通事項〕では、形や色などに気づき、その感じや造形的な特徴をもとにイメージをもつように指導することが示されています。アートゲームは、〔共通事項〕に示す活動やその指導に沿ったものと言えます。

　図画工作・美術科でのアートゲームの活動は、鑑賞の活動を通して身につける能力を評価することになります。物語をつくるなどの活動においては、発想や構想の能力も養われます。また、カードを自作する場合には、表現活動にもつながっていきます。アートゲームの活動をとり入れた学習では、体験目標、到達目標、向上目標の3つが考えられます。

①活動そのものを楽しむ＝体験目標

現行の図工の学習指導要領（平成20年3月告示）では「教科目標」に「表現及び鑑賞の活動を通して、感性を働かせながら、つくりだす喜びを味わう」と示されています。アートゲームでは、異なる作品の間に「つながり」を見つけたり、自分なりに解釈したりして「意味」や「物語」を「つくりだす喜びを味わう」ことになります。つくりだしたものが他人から承認されることで、自分なりの感じ方や見方に自信を持ち、喜びとなり、美術鑑賞への意欲や関心をさらに高めることになり、「関心・意欲・態度」という評価へとつながります。また、異なる作品を比較対照して共通点や違いを見つけたり、自分で解釈して物語をつくりだしたりする活動では、想像し判断し提示する「発想や構想の能力」の観点へとつながります。

②造形的な分析、作品の解釈、話し合いでの確認＝到達目標

2点の作品間につながりを見つけるマッチングゲームは、形や色、線、質感などの造形要素や構図、パターン、色彩の対比などの造形原理を分析する学習になります。造形要素や造形原理を分析したり、それに基づいた解釈をしたりすることで身につく能力は、デザインの分野でもその力を発揮します。鑑賞活動においても、分析は見る技能として「創造的な技能」につながり、そこから考えたり、思いついたりする「発想や構想」の能力として位置づけることができます。

物語をつくるゲームは、形や色から感じとったり、表現されたものを言葉で解釈したりする言語活動をうながします。♡（ハート）＝愛の象徴と言われるように、象徴（シンボル）は目に見えないものや抽象的な概念を目に見える形で表します。例えばゴッホの絵に出てくる「糸杉」はヨーロッパでは墓場にある樹木で、死の象徴とも言えます。このような象徴は、地域の伝統や宗教と結びついている約束事（コード）ですが、作品全体の雰囲気などで判断できるものもあります。気になる作品については、作品解説を読み、作品が生まれてきた時代的な背景や作者の生き方などを知ることで、作品への解釈も深まっていきます。

また、鑑賞活動では、作品を見て感じたことや思ったことを友人と話し合ったりするのも楽しみの一

つです。話し合うことで、自分の見方と他人の見方との違いに気づき、作品の見方を考え直したり、他の人の意見に「なるほど」と頷いたりすることで、共感的なコミュニケーションの力を培うことになります。
このような造形要素の分析や象徴解釈、作品を語り合う活動については、授業の中で獲得される能力を目標（到達目標）として設定することができます。ワークシートなどの学習記録では、こうした力について自己評価ができるような項目を立てることが必要です。

③反省から未来志向へ＝向上目標（方向目標）

アートゲームにおける話し合いを通して、色や形の感じとり方や作品解釈などにおいて、他人と自分との違いを知ることは、自分とは違う考え方や感性をもった人がいることを知り、他者の気持ちを想像し、自分の見方や判断を他者の立場に立って相対化してみることにもつながります。それは、自分とは異なる他者とも共存していこうとする意志や能力を育むきっかけになります。そうした自覚は、授業の中では到達できなくても、将来、共感的にコミュニケーションする能力へと発展していく可能性をもっています。体験することを楽しむことや特定の能力の獲得を目指す①と②に対して、将来、その人の感じ方や生き方（広い意味での「人間性」）に影響していきます。

国立教育政策研究所（国研）で提案された評価事例

アートゲームを題材化する場合の評価の観点としては、国立教育政策研究所が示した「鑑賞の能力」の評価規準の設定例などが参考になります。
（「評価規準の作成、評価方法等の工夫改善のための参考資料」、平成23年11月）

＜小学校図画工作科での学習評価の事例＞
第3～4学年で「鑑賞」について、次の三つの「評価の観点」の事例が示されています。
□自分の気持ちを話したり、友人の考えを聞いたりしながら、作品の共通点や相違点、表現の工夫などを捉えている。
□絵はがきでゲームをしたり、仮想の美術館をつくったりしながら、形や色の面白さや組合せの感じなどを捉えている。
□感じたことを話したり、簡単な文章で書いたりしながら、身近な美術作品のよさや面白さなどを感じ取っている。

＜中学校美術科での学習評価の事例＞
中学校では、さらに根拠を明示して、分析・解釈をしていく「批評」を含みつつ、美術文化を理解し愛好する活動へと展開していきます。

第1学年
□造形的なよさや美しさ、対象のイメージ、作者の心情や意図と表現の工夫、主題と表現技法の選択や材料の生かし方などを感じ取り、自分の思いや考えをもって味わっている。
第2～3学年
□形や色彩などの特徴や印象などから全体の感じ、本質的なよさや美しさ、作者の心情や意図と創造的な表現の工夫などを感じ取り、自分の価値意識をもって味わっている。

PLAY! いろいろな場面で楽しむアートゲーム

家庭で

アートゲームは、文字通り老若男女、さまざまな年齢や男女の別なく楽しめます。いきなりゲームをしなくても、テーブルやフロアマットの上にカードを広げて眺めるだけで家族の話題も広がっていきます。

STEP 1　自分の好きな作品を選ぶ

自分の好きな作品を選んで「かわいらしいから好き」などとお互いに説明したり、自分の知っている作品について「教科書で見た」とか「テレビでやっていた」などと紹介し合ったりしましょう。

STEP 2　好きな作品からイメージを広げて、お話をつくる

ゲームも得点を競うことを目的とせず、おしゃべりをしたり、お茶を飲んだりしながら、家族ならではの気楽な雰囲気の中で楽しめる「4コマ物語」をつくるゲーム（▶p.19）から始めてみましょう。1人で4コマのストーリーを考えなくても、例えば孫が「雨が降っている」と出したカード（No.44）に、おじいさんが「すると台風になっちゃったよ」（No.22）、それに続けて孫が「だから、この家の窓ガラスは壊れてなくなりました」（No.41）などとつなげていくリレー式の物語づくりもできます。

STEP 3　家族にプレゼントする作品を考えたり、カルタをして遊ぶ

また、「作品プレゼント」（▶p.23）で、例えば家族の誕生日プレゼントを選ぶことにします。子どもから親へ「お母さんには、この作品をプレゼントします。なぜなら、お母さんはひまわりが大好きだから」（No.36）とか、親から子どもに「元気そうな野菜を食べたら、○○ももっと元気になると思うから」（No.3）などとプレゼント交換することもできます。
「カルタ」（▶p.16）では、字を書ける年齢であれば、子ども自身が読み札を書き、本人に読み上げさせるとよいでしょう。人数によっては、1人で数枚の文字札を書くようにします。また、作品について子どもが「この人は何をしている？」とか「これはどこなの？」などと質問してきたら、年長の人が解説を読んで、小さい子にはかみくだいてお話をしてあげるようにしてください。

STEP 4　自分でカードをつくったり、遊び方を考えてみる

さらに、子どもの作品も自作カード（▶p.32）にして他のカードと混ぜ、一緒にゲームをすることもできます。それぞれのご家族ならではのゲームを考案し、楽しんでください。

学童保育・放課後子ども教室などで

学校の授業が終わってから帰宅するまでのしばらくの間、子どもが学校や地域の施設などで集団で過ごす機会も増えています。こうした場では、学級とは違って、年齢の異なる子どもたちが一緒に参加できる活動が求められます。アートゲームも、個人よりも異年齢でつくられたグループ同士で競うような形が適しています。人数が少ない場合は、仮の姉妹や兄弟などをつくって、小さな子と大きな子がペアになるようにし、ペア対抗戦もできます。司会は指導員やインストラクターが行います。

STEP 1　言葉を使わないジェスチャーゲームで遊ぶ

まずは国語力の差にあまり関係しない「ジェスチャーゲーム」(▶p.10)などから始めるのがよいでしょう。学童保育などでは、毎日同じメンバーが揃うわけではありません。日をまたいで「カルタ」(▶p.16)などの活動をする際、読み札を書いた人が実際に読み上げることは難しいかもしれませんが、指導員やインストラクターが読み上げてもかまいません。また、参加メンバーが違えば、以前の読み札を保管しておいて使い回すこともできます。図書館から美術書などを借りてきて、カードの作品と同じ作者の作品を見せ、「この絵をかいた人と、同じ人がかいた作品があります。それはどれかな?」という「作者当てゲーム」(▶p.31)もできます。

STEP 2　ICT機器を活用したクイズをしながら、作品の形や色をとらえる

特別教室や多目的室などを使用する場合、そこにモニターテレビやそれに接続できるデジカメなどがあれば、部分から全体を想像する「かみかくし(紙でかくす)」(▶p.29)も楽しめます。小さな子どものほうが、直感的によく当てることもあります。このようなときはグループやペアを解消し、それぞれ個人で判断して、間違った場合にはその回は休みとするなど、お手つきルールを設定するようにしましょう。子どもから、作品について作者や題名・材料などについて質問があれば、解説書をもとに指導員やインストラクターの方が説明するようにしてください。

いろいろな場面で楽しむアートゲーム

老人健康施設・デイケアセンターなどで

アートセラピー（美術療法）という、芸術活動を通しての認知症の治療があります。アートゲームをすることで、治療とまではいきませんが認知症の予防効果は期待できます。

STEP 1　カードを見ながら話をする

グループやペアで協力するというのは難しいケースが多いと思いますので、職員や傾聴ボランティアとの1対1でできるアートゲームがよいでしょう。

例えば、全部または一部のカードを選んで、表を向けて並べます。反応を確かめながら、次のような質問をします。

「これは美術作品をカードにしたものです。今までに見た作品はありますか？」
「どこで見ましたか？」
「どの作品が好きですか？」
「この作品のどこが気に入りましたか？」
「怖いと感じる作品はありますか？」

STEP 2　過去を回想したり、形や色の分析をしてみる

美術作品をもとにして、過去のことを回想したり、形や色を分析したりすることができれば、脳の活性化につながります。往年の映画スターやスポーツ選手のブロマイドなどを使った自作カード（▶p.32）も混ぜてみましょう。

STEP 3　クイズに答えながら、作品の鑑賞を深める

さらに、言語によるコミュニケーションができれば、「3つの質問ゲーム」もおすすめです。例えば「女の人がいます」→「湖が見えます」→「うちわをもっています」→「さて、どの作品でしょう？」（答え：No.16）など、具体的に表された事物について質問し答えを待ちます。

資料 アートゲームに使えるアイテムの紹介

アートゲームはカードがあれば楽しめますが、アイテムを活用してさらに楽しむことができます。ここでは、活動の幅を広げるアイテムを紹介します。

□ 絵はがき
美術館のミュージアムショップで売られている作品の「絵はがき」もアートカードとして活用しましょう。

□ 美術館のアートカード
アートゲーム用のカードセットを販売している美術館もあります。たとえば『国立美術館アートカード・セット』には、図画工作や美術の教科書でおなじみの作品など65点の作品カードが入っています。東京、大阪、京都にある国立美術館のショップで購入することができます。

□ 美術教材セット
カードを含む美術教材セットを学校向けに貸し出している美術館もあります。お近くの美術館に問い合わせをしてみて下さい。

□ 作品画像のダウンロード
学校の授業で使える作品画像データをダウンロードできるウェッブサイトもあります。IPA（独立行政法人情報処理推進機構）のサイト（https://www2.edu.ipa.go.jp/search/）をチェックして利用規約など確かめてご利用下さい。

□ 手づくり額縁
絵画の作品カードに合わせて、その作品にあった額縁をつくってみましょう。自分で展覧会を考えるゲーム（▶p.24）のときなどに使うと、さらに気分が盛り上がります。額縁に入れた作品は、そのまま飾っておいてもいいでしょう。

（表面）

（裏面）

制作の手順

❶ 額縁をつけたい作品を決めたら、作品図版の縦と横の長さを定規で測る。
　＊カードの大きさではなく、図版の大きさを測るようにする。

❷ その図版より10〜20mmくらい大きくなるように段ボール（厚紙でもよい）を2枚切る。

❸ 1枚は図版の大きさの線に合わせて線を引き、それより2mmほど内側を切り抜く。

❹ もう1枚の段ボールを重ね、貼り合わせる。
　＊裏面の段ボールは縦部分を少し短くしておくと、カードの出し入れがしやすい。

❺ 表面に好きな色を塗ったり、シールを貼ったりして額縁らしく飾る。

❻ カードを差しこむ。同じ図版サイズの他の作品と入れ替えて鑑賞してもよい。
　＊色をつけるのはテープ、クレヨンや水彩絵の具、アクリル絵の具やマーカーでもできます。段ボールの表面に白い画用紙など貼っておけば色鉛筆などでも色を塗ることができます。また、インクが盛り上がるペンや、紙粘土などを使うと立体的になり、さらに額縁らしくなります。

アート de ゲーム

2017年（平成29年）7月28日　初版発行

著　者　者	ふじえ　みつる
発 行 者	佐々木秀樹
発 行 所	日本文教出版株式会社

http://www.nichibun-g.co.jp/
〒558-0041　大阪市住吉区南住吉4-7-5　TEL:06-6692-1261

デ ザ イ ン	德永明子
イ ラ ス ト	德永明子
印刷・製本	エス・イー・シー印刷株式会社

©2017 Mitsuru Fujie　　Printed in Japan
ISBN978-4-536-60085-9

定価はカバーに表示してあります。本書の無断転載・複製を禁じます。
乱丁・落丁本は購入書店を明記の上、小社大阪本社業務部(TEL:06-6695-1771)あてに
お送りください。送料小社負担にてお取り替えいたします。